应用型本科高校图书馆营销策略研究

张鹏飞◎著

吉林文史出版社

图书在版编目（CIP）数据

应用型本科高校图书馆营销策略研究 / 张鹏飞著. --
长春：吉林文史出版社，2022.10
ISBN 978-7-5472-9026-2

Ⅰ.①应… Ⅱ.①张… Ⅲ.①院校图书馆—图书馆工
作—营销策略—研究 Ⅳ.①G258.6

中国版本图书馆CIP数据核字（2022）第183396号

应用型本科高校图书馆营销策略研究
YINGYONGXING BENKE GAOXIAO TUSHUGUAN YINGXIAO CELÜE YANJIU

著　　者	张鹏飞
责任编辑	王　非
封面设计	清　风
出版发行	吉林文史出版社
印　　刷	三河市九洲财鑫印刷有限公司
开　　本	787mm×1092mm　1/16
印　　张	13.75
字　　数	210千字
版　　次	2022年10月第1版
印　　次	2023年1月第1次印刷
书　　号	ISBN 978-7-5472-9026-2
定　　价	69.00元

前　言

随着网络技术的迅猛发展、新媒体的崛起和智能终端的普及，爱读书的人手机里大都会有几个读书应用软件，应用软件里便捷的查询、快速的获取、个性化的推送要比实体图书馆更便捷，那么实体的图书馆（包括高校图书馆）存在的意义又在哪里呢？尽管图书馆依旧门庭若市，但有多少读者是冲着丰富的馆藏而来呢？换种说法，如果图书馆里没有书，其他条件依旧，是否会影响读者的体验？或者我们能不能把图书馆改名为"学习休闲馆"？其实现实生活中有更多的图书馆人正在用行动向大众展示图书馆不仅是文献的储存地、流转地，也是思想和方法的集散地，还是猎取信息（知识）方法和技巧的传授地，更是书香沁润心智的修炼地，图书馆已变得更加精彩和多元。

这种精彩体现在服务理念的充实上。信息技术的发展和信息的爆炸式增长一方面节省了善于学习和研究的人获取资讯、知识的成本；另一方面又加大了人们在目不暇接的信息汪洋中获取有价值信息的难度。这种发展虽然冲击了应用型高校图书馆信息中心的地位，但也为其开辟了新的空间，比如，在积极传递有价值的信息和知识给读者的同时，将挖掘信息的方法一起传递给他们。简而言之，应用型高校图书馆要积极转变思维，从卖"鱼"的人变为卖"渔"的人。

这种多元体现在营销手段上。随着众多新媒体的快速崛起，更让我们看到新媒体的强大魅力和不同于传统媒体的叙事方式。有人将新媒体的特点概括为形式丰富、互动性强、渠道广泛、覆盖率高、精准到达、性价比高、推广方便等。其核心是主张热、短、快、微的流量思维。"热"就是热门话题所产生的热度。"短"就是采用短小精悍的叙事方式。"快"就是以秒为单位的传播速度。"微"就是个体视角、小微话题蕴含着出乎意料的能量。这些新的宣传方式，也为应用型高校图书馆发出自己的声音、展现自己的特色提供了广阔的机遇。

当然，5G网络、物联网和各种智能设备的发展在推动社会快速发展、方便人们生活的同时，为构建智慧图书馆创造了条件。应用型高校图书馆如何借助新技术的发展整合自己的各类资源，提供更加智能、自助、个性、多空间和多维度的全天候服务，提供多元化、立体式的阅读引导，都是值得深入研究的新课题。

当我们借助营销理念对应用型本科高校图书馆进行深入分析时，不仅可以发现其蕴含的巨大价值，也可以发现其面临的巨大危机；不仅可以发现其自身的优势，也可以发现其内在的不足。如何转危为机、顺势而为，在新时代开拓出自己的天地是本书试图解决的问题。

本书是南通理工学院中青年科研骨干培养工程的研究成果（项目编号：ZQNGG409）。作者在撰写本书的过程中参阅了同行的大量相关论著，受作者学识水平和视野的限制，书中难免存在疏漏之处，还望广大同仁和读者海涵。

张鹏飞
2022年5月

目　　录

第一章　高校图书馆的现状及面临的危机

第一节　高校图书馆的现状

一、概况

根据教育部网站公布的统计信息显示，截至2020年6月30日，全国高等学校共计3005所，其中：普通高等学校2740所，含本科院校1272所、高职（专科）院校1468所；成人高等学校265所。[①]高等学校图书情报工作指导委员会的《高校图书馆发展蓝皮书2015》在汇总2033所高校图书馆的数据后，发现我国高校图书馆分布上有三个方面的特点：

一是全面性。每省都有若干所普通本科院校图书馆和多所高职高专院校图书馆，并且每省至少有1所"985"或"211"高校图书馆。

二是层次性。我国高校图书馆包括"985"院校图书馆、"211"院校图书馆、普通本科院校图书馆、高职高专院校图书馆、民办院校图书馆等类型，结构特征明显、层次感较强。高职高专院校图书馆是我国高校图书馆发展的重要力量，占高校图书馆总数的52.48%。民办院校图书馆成为我国高校图书馆事业的有机组成部分，在东中西部均有分布，如北京城市学院图书馆、三江学院图书馆、三亚学院图书馆、西安外事学院图书馆、黄河科技学院图书馆等。

三是非均衡性。在数量上，主要集中在广东、江苏、湖南、湖北等省。在类型上，"985""211"院校图书馆集中在北京、上海、江苏等东

[①] 中华人民共和国教育部. 全国高等学校名单. [OE/OL]. [2020-9-21]. http://www.moe.gov.cn/jyb_xxgk/s5743/s5744/202007/t20200709_470937.html.

部经济发达地区，并且普通本科院校图书馆数量优势明显；高职高专院校图书馆主要分布在江苏、湖南、广东、河北、四川、湖北等省份。

二、分项数据

（一）馆舍面积

根据《2019年高校图书馆发展报告》显示，截至2020年9月20日，全国1207所高校图书馆提交2019年馆舍建筑规划面积数据，总面积是2983万平方米（2018年是2618万平方米），馆均值为2.47万平方米，相较于2018年的2.5万平方米，有所减少。标准差为1.79万平方米，比2018年的1.81万平方米略降，表明高校图书馆馆舍面积差异继续存在。馆舍面积的中位值为2.1万平方米，众值为2万平方米，馆舍建筑面积排名前5的高校图书馆是：中山大学图书馆，11.2万平方米（2018年是11.7万平方米）；山东大学图书馆，10.7万平方米（2018年是14.4万平方米）；吉林大学图书馆，10.3万平方米（2018年是10.3万平方米）；厦门大学图书馆，10.3万平方米（2018年是10.3万平方米）；贵州大学图书馆，8.8万平方米（2018年是8.8万平方米）。在高校图书馆馆舍面积的变动趋势上，2006—2010年、2012—2014年，呈稍轻微陡峭曲线增长趋势，但在2011—2012年间呈缓慢增长趋势，2015年后呈回落趋势，表明高校图书馆的建筑空间已经从跃进增长时期进入平稳增长时期。其中，"985"高校图书馆馆舍的平均面积为63521.7平方米，"211"高校图书馆馆舍的平均面积为54707.8平方米，本科高校图书馆馆舍的平均面积为31939.8平方米，民办本科高校图书馆馆舍平均面积为22299.2平方米，高职高专院校图书馆馆舍的平均面积为13174.4平方米，民办高职高专院校图书馆馆舍的平均面积为11255.6平方米。

（二）在编职工人数

从高等学校图书情报工作指导委员会网站发布的《2019年1336所高校图书馆在编职工人数统计表》中可以看出，高校图书馆在编工作人员的总人数为41978人，馆均31.5人（2018年是34.7人），中位值为22人，众值为15人，标准差为29.9人。这些数据表明：各高校图书馆在编工作人员的数量差异较大，馆均人数继续呈减少态势。在编工作人员最多的是吉林大学，共有321人，2018年度是341人，呈减少趋势；其次为武汉大学图书馆，共有239人（2018年是247人，2017年是256人，2016年是265人，2015年是275人），近几年一直呈现减少态势。其中，"985"高校图书馆在编职工人数的平均值为128.2人，"211"高校图书馆在编职工人数的平均值为95.8人，本科高校图书馆在编职工人数的平均值为44.4人，民办本科高校图书馆在编职工人数的平均值为17.7人，高职高专院校图书馆在编职工人数的平均值为12.9人，民办高职高专院校图书馆在编职工人数的平均值为7.2人。

（三）年度总经费

从高等学校图书情报工作指导委员会网站发布的《2019年1278所高校图书馆年度总经费统计表》中可以看出，我国高校图书馆纸质资源购置费的平均值为534.9万元，中位值为286.1万元，众数值为200万元。最大的是中山大学图书馆，达到14274万元；最小的是中国计量大学现代科技学院，仅为1万元。其中，"985"高校图书馆纸质资源购置费的平均值为4001万元，"211"高校图书馆纸质资源购置费的平均值为2685.7万元，本科高校图书馆纸质资源购置费的平均值为876.8万元，民办本科高校图书馆纸质资源购置费的平均值为296.3万元，高职高专院校图书馆纸质资源购置费的平均值为163.4万元，民办高职高专院校图书馆纸质资源购置费的平均值为101万元。

（四）年度纸质资源购置费

从高等学校图书情报工作指导委员会网站发布的《2019年1249所高校图书馆纸质资源购置费统计表》中可以看出，有1244所高校图书馆提交了2019年纸质文献资源购置费，总费用为27.51亿元，较2018年的24.37亿元增加了3.14亿元，总经费增加是因为提交纸质文献资源购置费的高校图书馆的总量较上年增加了219所。纸质文献资源购置费的均值为221.1万元（2018年是237.8万元），比2018年减少了16.7万元。纸质文献资源购置费各年度均值的分布状况呈波动中减少趋势。纸质文献资源购置费的中位值为144.7万元（2018年是158万元）。在纸质文献资源购置费方面，排在前5名的高校图书馆是：中山大学图书馆，8152.3万元（2018年是7541.1万元）；浙江大学图书馆，2828.6万元（2018年是3469.8万元）；武汉大学图书馆，2789.2万元（2018年是1932.9万元）；北京大学图书馆，2181.7万元（2018年是2060万元）；复旦大学图书馆，2157.8万元（2018年是2224.7万元）。最小的是甘肃畜牧工程职业技术学院图书馆，仅为0.2万元。其中，"985"高校图书馆纸质资源购置费的平均值为1247.8万元，"211"高校图书馆纸质资源购置费的平均值为781.6万元，本科高校图书馆纸质资源购置费的平均值为305.8万元，民办本科高校图书馆纸质资源购置费的平均值为213.7万元，高职高专院校图书馆纸质资源购置费的平均值为91.8万元，民办高职高专院校图书馆纸质资源购置费的平均值为76.1万元。

（五）年度电子资源购置费

从高等学校图书情报工作指导委员会网站发布的《2019年1165所高校图书馆电子资源购置费统计表》中可以看出，有1151所高校图书馆提交了电子资源购置费，总和为37.21亿元（2018年是32.57亿元），均值为323.3万元（2018年是337.8万元），占馆均文献资源购置费的54.6%（2018年是60.6%），较2018年降低了6个百分点。在文献资源购置费中，电子资源购置费所占比例已经过半，且均值与所占比例自2006年以来，基本上呈抬升趋势，但2019年又有所回落，表明电子资源购置费将成为图书馆文献资源购置费支出的重要支出部分。高校图书馆近14年的电子资源购置费的中位值落在排名第576名的皖西学院图书馆数据上，为94.0万元（2018年是106.8万元）。标准差为562.4万元，最小值仅为970元，最大值达到5203.9万元（清华大学图书馆），两者相差达53648倍（2018年的差距是613898倍）。这些表明：高校图书馆电子资源购置费的离散程度大，馆际差别明显，而且差距在逐年增大。电子资源购置费排名前5的高校图书馆是：清华大学图书馆，5203.9万元（2018年是4297.3万元）；北京大学图书馆，5181万元（2018年是4237.2万元）；中山大学图书馆，5053.6万元；上海交通大学图书馆，4836.9万元（2018年是3237.8万元）；浙江大学图书馆，3366.7万元。最小值是1万元，有3家图书馆，分别是延边职业技术学院图书馆、天府新区航空旅游职业学院图书馆和呼和浩特职业学院图书馆。"985"高校图书馆电子资源购置费的平均值为2406.7万元，"211"高校图书馆电子资源购置费的平均值为1681万元，本科高校图书馆电子资源购置费的平均值为493.7万元，民办本科高校图书馆电子资源购置费的平均值为61.2万元，高职高专院校图书馆电子资源购置费的平均值为43.6万元，民办高职高专院校图书馆电子资源购置费的平均值为18万元。

（六）生均文献资源购置费

生均文献资源购置费为文献资源购置费与文献资源加工费之和除以折合在校生数。根据高等学校图书情报工作指导委员会发布的《高校图书馆发展蓝皮书2015》数据显示："985""211"高校图书馆2014年度生均文献资源购置费均值为393元，中位值为353元；普通本科院校图书馆2014年度生均文献资源购置费均值为331元，中位值为218元；高职高专院校图书馆2014年度生均文献资源购置费均值为149元，中位值为123元。从地区划分来看，各地区均值均呈现东部地区领先，中部地区居中，西部地区殿后的格局，且中部地区和西部地区均值均低于全国均值。

三、服务概况

美国图书馆学家谢拉曾说："服务，是图书馆的基本宗旨。"图书馆的资源建设、规章制度、技术应用，都是为读者提供满意的服务。这也是高校图书馆开展各项服务的核心所在。根据高校图书馆发展蓝皮书（2015）的报告，高校图书馆主要提供书刊借阅、馆际互借、文献传递、电子资源使用、信息服务和信息素养教育等服务。

（一）书刊借阅

根据2020年中国高校图书馆发展报告显示，共有1141所高校图书馆提交了有效的2020年度书刊外借量数据，书刊外借总量为4645.5万册，馆均值为40714.2册，中位值是20032册，众值为30000册，标准差为58931.6册。而这些数值在2014年则高得多，具体为：共有619所高校图书馆提交了2014年书刊外借总量数据，其中有效数据为610份，书刊外借总量为1019.3万册，馆均约为167096册，中位值为212474册。从长的时间维度来看，高校图书馆纸质图书的外借数量正处于逐年下降的趋势之中。

（二）馆际互借

高校图书馆馆际互借情况包括馆际互借借出量与馆际互借借入量。2014年馆际互借借入量共520所高校图书馆提交数据，借入总量为154371册，馆均297册，中位值为0。馆际差异较大，其中318所高校图书馆提交数据为0，极差为81972。馆际互借借出量共523所高校图书馆提交数据，借出总量为81222册，馆均155册。其中，358所提交数据为0，极差12000册。

（三）文献传递

向外传递文献是衡量高校图书馆文献资源保障能力的重要指标，向外传递文献越多，表明高校图书馆的文献资源保障能力越强。根据2017年中国高校图书馆发展报告显示，有541所高校图书馆提交了向外传递文献的数据，2017年向外传递文献总量是272.5万篇，从2016至2013年，各年份向外传递文献的总量依次是207.3万篇、137万篇、199万篇、654.5万篇。平均每馆传递0.5万篇，从2016年至2012年，各年份向外传递文献的馆均值依次为0.25万篇、0.27万篇、0.2万篇、0.21万篇、0.26万篇。有6.2%的高校图书馆向外传递文献量超过1万篇，2016年为4.7%，2015年为10.7%，2014年为4.9%，2013年为5%，2012年为8.2%；有9.3%的高校图书馆向外传递文献在0.1—1万篇间，2016年为6.9%，2015年为14.1%，2014年为9.3%，2013年为9.8%。从上述数据分析可知，近5年来，高校图书馆向外传递文献量总体保持稳定，最近4年呈微升趋势，各高校图书馆间已建立起较为稳定的文献资源共享关系，合作能力正在增强。

（四）电子资源使用

共有1000所高校图书馆提交了有效的2020年度电子资源下载量数据，电子资源下载总量为38.94亿篇，馆均值为389.4万篇，中位值是78万篇，众值是2万篇，标准差为1325.7万篇。而根据2014年高校图书馆发展蓝皮书的数据显示，共有549所高校填报了电子资源下载量，共11.5亿次，馆均209.5万次，中位值为39.7万次，已连续5年呈逐年增长趋势。从长的时间维度来看，电子资源的使用量正处于上升之中。

（五）信息服务

高校图书馆的信息服务包括学科服务、科技查新、论文收录及被引用检索。学科服务自1998年首次在清华大学图书馆推进后，成为高校图书馆的发展大趋势，推行学科服务的图书馆越来越多。由于相关政策，2014年科技查新量较以往有所下降。论文收录及被引用检索工作量仍呈明显增长趋势。从总体来看，2014年高校图书馆信息服务总量增长显著，且参与的高校越来越多，但在高校中信息服务差别较为明显。以学科服务为例。根据中国高校图书馆发展蓝皮书（2015）对学科服务的抽样调查显示，39所"985"高校实施学科服务的占比达到92.3%，"211"高校这个比例为82.6%，抽样的普通本科高校（不含"985"和"211"高校）这个比例为63.6%，抽样高职高专这个比例为0。从学科服务推行的深度上看，即使是在"985""211"高校图书馆中，差异也较为明显。

（六）信息素养教育

在信息技术迅猛发展的当下，信息素养教育在高等学校的人才培养的分量日益增长。高校图书馆在传统的图书收藏和提供阅览职能外，还应肩负着增强学生信息素养的重任。高校图书馆主要通过开设信息检索课程、新生入学培训、数据库使用讲座、嵌入式教学、信息检索竞赛等多种形式实现多元化全方位的读者信息素养教育，取得一定成效。其中，信息检索课是重要的培训载体。根据中国高校图书馆发展蓝皮书（2015）的数据，在被调查的545所高校图书馆中有377所至少开设一门授课对象为本科生（含高职高专）的相关课程，比例达到69.17%。有134所开设了以研究生为对象的相关课程，占被调查高校总数的24.50%。新生入学培训也是高校图书馆开展信息素养教育的重要方式。根据中国高校图书馆发展蓝皮书（2015）调查显示，80%的高校图书馆都开展了不同形式的新生入学教育，其中以发放新生手册等宣传材料、现场讲解与参观图书馆这两种形式最为普遍，采取这两种方式的高校图书馆均达到65%左右，利用互联网，向新生提供网络培训与问答的高校图书馆则相对较少，只占到总数的15%。此外，调查还显示，几乎所有的高校图书馆都用了两种，甚至更多的教育方式，全方位地开展新生教育。其中，有一些图书馆还采取了非常有新意的新生入馆教育，如沙画视频宣传。

第二节 应用型本科高校图书馆的危机

一、面临的危机

从第一节高校图书馆的现状概述中，可以看出高校图书馆存在明显的分层现象："985"高校图书馆发展最为强劲，其次为"211"高校，一般公办高校次之，民办本科高校和独立学院再次之。以民办本科高校和独立学院为代表的应用型本科高校图书馆多以学校教学评估和各类创建为发展机遇。随着教学评估指标体系的不断发展，在新的历史时期应用型本科高校图书馆的发展面临着更大的危机，主要体现在以下几个方面：

（一）文献转型的危机

互联网的智能终端将人们带入了读屏时代，而青年一代更是读屏时代的原生民和数字阅读的忠实粉丝，毕竟随手便可携带万千书籍的便利是纸质图书远远无法比拟的。加之智慧终端使碎片化阅读更加流行，人们可以掏出手机，充分地利用每一个空闲的间隙。这些阅读习惯的改变直接导致高校图书馆纸质图书的外借数量呈逐年下降的趋势，进而影响到师生对图书馆文献中心地位的认同度。如果说更高层次的高校图书馆已经意识到这个问题的严重性，将文献采购的重点逐步转移到各类数字文献的采购和推广上，那么应用型本科高校图书馆却因为纸质文献借阅量的下降面临着进一步压缩图书馆经费和缩减人员编制的风险。

（二）人才短缺的危机

每一种工作真正想发挥其作用和价值，都离不开专业的素养、扎实的钻研和与时俱进的创新。即使书库管理员将整整书架、扫扫灰尘当作工作的全部，也可以熟知各类经典著作，为在书库里徘徊的新生做一个热心的学科向导。各类新技术的发展，对应用技术人员的理解能力和专业素养又提出了更高的要求，都进一步凸显了应用型高校图书馆专业人才短缺的窘境。

（三）同行变革带来的对比危机

互联网缩短的不仅有交流的距离，还有对比的标准。网红图书馆、网红书店，乃至带点书香元素的咖啡吧都会让喜欢新鲜事物的青年人瞬间在赞叹别人家图书馆的同时，对自己学校的图书馆提出更高的要求。这种要求不仅体现在建筑风格、装修品位、个性家居、特色服务，也体现在越来越接地气和赶潮流的各类活动的种类上和频率上。

（四）读者群体变化带来的危机

新生代的年轻人作为高校图书馆读者群体的主要人群，他们生在红旗下，长在春风里，沐浴着国家强盛的东风，享受着科技进步的便利，拥有平视世界的视角，不仅自信、自我，更懂得享受生活和主张个人权利。新时代的高校图书馆的管理带来了新的课题，不仅要认真审视曾经的制度和规定，还需要认真专研新生代不同群体的特点，有针对性地提高工作的效度。现实是还有相当比例高校图书馆的目光还停留在内部事物和传统项目上，既缺乏对读者研究的热情，也缺少对新生代关注的自觉。

二、营销的发展史及对应用型本科高校图书馆的启示

（一）营销的起源和发展

人类的营销实践和营销思想可以说古来就有，其本质就是通过信息的交流，促进价值的交换，其伴随着人类社会商业活动的产生和发展不断壮大和丰富。在西方，吕底亚人于公元前7世纪开始铸造货币，并用来进行零售贸易。从"买"与"卖"这个角度看，营销活动通常被认为发源于中世纪吕底亚人居住的小亚细亚，并且由于营销比物物交换更有效率，很快便蔓延到地中海沿岸的希腊城市，并迅速扩散到整个文明世界。

20世纪初，第一次工业革命和第二次工业革命的爆发，科学技术的发展突飞猛进，大量新技术的产生和应用于工业生产，资本主义经济得以迅速发展。随着生产力的提高和市场规模的扩大，市场竞争日趋激烈。采用新的经营策略进行分销变得越来越重要。营销被正式作为一门理论学科即"市场营销学"进行学术研究，并在大学里开始讲授，比如密西根大学于

1902年开设了"美国工业分销与管理课程"。当然，市场营销学的研究还处于初级阶段，还停留在书斋和大学课堂上，没有形成现代营销学的理论和原则，加之经济发展态势良好，整体市场前景乐观，因此并没有引起社会和企业的普遍重视。

到了20世纪20年代末至30年代初，资本主义经济几十年的快速发展使生产和销售矛盾不断尖锐，商品生产过剩，销量下降，工厂利润降低，大量企业纷纷倒闭，失业人数增加，社会购买力下降，进而形成恶性循环。整个西方资本主义世界爆发了空前的经济危机，市场问题也越来越突出。而彼时市场营销学对于推销术和广告术的深入研究也正切合了当时企业界寻求发展的客观需求，开始在企业界得到应用，并引起了社会的广泛重视。1937年，美国营销学会（American Marketing Association，简称AMA）成立，在全美各地设立分会，为企业培训营销人员。

第二次世界大战结束后，西方各国政府对经济发展的重视以及第三次科技革命的兴起使劳动生产率得以空前提高，市场出现了产品供过于求的局面，企业间的竞争越来越激烈，客观上促进了市场营销学研究的变革和发展，使其由指导流通的销售过程发展为参与企业经营决策的一门综合性应用科学。此后，随着全球政治经济的起伏变化，市场营销学也在不断创新发展和完善中。美国营销学会分别于1960年、1985年、2004年、2013年数次对营销的定义进行修正，也正是市场营销学理论界和实务界互动的结果。

近20年来，随着经济全球一体化进程的加快，国际化企业在全球市场上的竞争越来越激烈，各类营销管理理论百花齐放，不断丰富，都有实践和一展身手的空间。可以说，市场营销学每一次的创新和发展，都为企业应对新出现的复杂环境和竞争提供了强有力的理论武器。

（二）营销在非营利组织的发展

20世纪70年代在全世界范围内包括发达国家和发展中国家涌现出了大量的非营利组织，如社团、协会、基金会、慈善机构、学校、文化机构等。它们遍及各行各业，不以营利为目的，而是注重处理和解决种种社会问题，被称为独立于"第一部门"政府和"第二部门"企业的"第三部门"。这些组织的目标：一是募集到更多的可供其运营的资源，二是通过开展非营利性的志愿公益活动向社会提供多种服务。随着非营利组织的迅速发展，其规模和数量不断增加，逐渐在国家经济和社会事务中扮演着越来越重要的角色。但由于非营利组织的运营主要依赖于政府、企业和公民个人的支持，随着其数量的增加，不同组织之间的竞争就越来越激烈，很多组织面临着成本上升和收入下降的困境。如何在竞争中生存并实现组织目标成为非营利组织急需解决的问题。

1969年，菲利普·科特勒（Philip Kotler）在《营销学杂志》上发表了一篇文章，认为市场营销是一个普遍的社会活动，不仅仅是牙膏、肥皂和钢铁的销售，因为在美国，一个最显著的趋势是越来越多的社会工作是由企业以外的其他组织来完成的。根据这种趋势，科特勒认为传统的市场营销原则可以扩展到企业以外的其他组织。1977年，科特勒出版了《非营利组织营销学》一书，详细描述了大学、医院、博物馆、图书馆等非营利性组织的营销策略、营销计划、公共关系、产品与服务策略等。到了20世纪80年代末，营销思想在非营利组织中已经广泛传播和应用。越来越多的非营利组织通过营销理论改善了组织的绩效，赢得了新的发展机遇。

（三）营销在图书馆的发展

尽管图书馆是公益性组织，其主要职能是保存人类文化遗产、开展社会教育、传递科学情报、开发智力资源，是由政府出资为公众提供文化服务的教育和科研机构，并不以销售产品营利，但是，国外图书馆引入营销思想被认为由来已久，很早就是图书馆服务的一部分，只不过与营利组织使用了不同的术语而已。1923年正式成立的美国图书馆协会高校与参考文献分部以及后来陆续成立的公共图书馆学会和专业图书馆学会，则被认为是类似于营销策略中的市场细分策略在图书馆的应用。从20世纪70年代以来，营销的理念得到图书馆的不断关注，尤其是进入21世纪以来，各类图书馆都在自觉或不自觉地运用营销的理念推广读者服务、扩大读者范围、巩固已有的读者群体。为了更好地吸引读者，图书馆的服务种类、服务内容空前丰富，公共图书馆甚至纷纷走上街头举办各类文化活动来吸引读者参与。新的以读者为中心的管理理论也层出不穷，可以说图书馆已经进入了一个史无前例"推销"自己的时代。市场营销理念从发端到现在也仅仅100多年，而被图书馆界关注乃至应用已达40多年，在国内外的高校图书馆中也得到广泛的应用。

（四）对应用型本科高校图书馆的启示

从营销理论发展的历程、趋势和范围，可以看出其对各类组织提升自己竞争力和发展力具有积极的作用。虽然应用型本科高校图书馆具有一定的特殊性，目前也面临着多方面的危机，但其面临的问题和非营利组织在低谷期遇到的困难何其相似。归根到底就是要回答图书馆向哪里去，读者究竟需要什么样的图书馆等关键性问题，然后再逐步解决人才从哪里来，资金从哪里来，图书馆应该怎么做等延伸问题。

因此，如何更好地运用营销理念为应用型本科高校图书馆赋能，为其高质量发展赢得更广阔的前景，更好地服务读者，就是本书重点研究的内容。在后面各章中，笔者将借助STP（营销战略三要素）、SWOT（态势分析法）、4P（营销理论）、PEST（宏观环境）、4R和网络整合营销理论，在前人研究的基础上，进一步分析应用型本科高校图书馆的读者、自身、产品（服务）、环境、关系和资源，在此基础上建构新的营销模型，并结合实例探讨具体的营销策略。具体内容将在后面的章节中逐一展开，在此不再赘述。

第二章　更好地认识读者——STP（营销战略三要素）理论及启示

第一节　STP理论概述

一、STP理论的实质

市场细分（Market Segmentation）也称"市场区隔""市场分片""市场分割"。[①]这个概念早先是由美国营销学家温德尔·史密斯在1956年提出，后经美国营销学家菲利浦·科特勒进一步发展和完善，最终形成了成熟的STP理论。STP中的S表示市场细分（Segmenting），T表示目标（Targeting），P表示定位（Positioning）。STP理论的核心是指企业在市场细分的基础上，确定自己想要进入的目标市场，最后确定自己的产品（或服务）在目标市场上的具体位置，然后通过相应的策略，达到目标，确保自己产品（服务）应有的位置或份额。简单来讲，STP理论就是要认清市场、明确目标、精准定位。

二、STP理论的内涵

市场细分、目标市场和市场定位是STP理论进行市场分析的重要环节，也是能否拿出适合可行营销策略的关键。细致了解它们有助于更深刻地领悟STP理论的精髓。

---

① 屈云波，张少辉编著. 市场细分市场取舍的方法与案例[M]. 北京：企业管理出版社，2010：5.

（一）市场细分

1. 含义。市场细分就是通过一些指标和维度将大市场划分为颗粒更小的市场，进而更深入地了解和认识市场。就像古诗"横看成岭侧成峰，远近高低各不同"所说的那样，细分是为了从不同的视角去观察市场、研究市场、分析市场，进而发现隐藏或被忽视的市场。在STP理论中，市场细分是指营销者通过市场调研，依据消费者的需求、欲望、行为和习惯等方面的差异，把某个产品（服务）所面向的市场整体细分成若干消费者群小市场的过程。每一个消费者群就是一个细分市场。每一个细分市场的消费者都具有相似需求、欲望、行为和习惯倾向。市场细分一般会经历调查阶段、分析阶段和细分阶段三个阶段。

2. 常用的细分方法。特征细分，如根据地理、人口、心理、行为等常用的维度特征，将市场进行划分。

地理维度一般包括国家、地区、城市、农村、气候、地形等方面的具体特征。以气候为例，不同气候条件对消费者有较为显著的影响。比如，冬天的海南岛温度较高，人们渴望凉爽，而东北三省白雪皑皑，人们需要保暖。同样的季节，不同的气候条件，人们的需求也各不相同。同样好辣，四川人喜欢麻辣，贵州人喜欢酸辣，云南人喜欢辛辣，湖南人喜欢干辣，陕西人喜欢香辣，因此区域不同，气候不同，偏好也各异。

在人口维度中，年龄、性别、职业、收入、教育、家庭人口、家庭类型、家庭生命周期、国籍等都是较为常用的分类标签。网上曾经流传过一个消费力排行榜，从高到低依次是少女、少妇、小孩、老人和男人。这就是以年龄和性别作为细分的维度。同样，在银行办理信用卡进行额度授信时，会发现他们把职业和教育程度作为较为重要的授信参考条件。

在心理维度中，社会阶层、生活方式、个性特征、价值观、文化导向、生活格调和感知风险能力是较为常用的分类标签。

在行为维度中，时机、产品使用率、忠诚程度、购买准备阶段和态度是较为常用的分类标签。

另外，根据市场的层次可以进行层次细分，如一般市场细分、补缺市场细分、完全市场细分等。一般市场细分是指细分者认为，购买者在其基本需求、基本观念和购买行为方面是不同的，因此需要将一个市场的多个部分划分开来。补缺市场细分是指通过细分市场空缺或较小的子细分市场，实施更加专业化的经营，以获取更大的效益。完全市场细分是指针对个人的具体需求和定位来设计定做产品和营销计划。[①]

3. 作用。从细分维度上，可以看出细分市场不是产品导向，而是消费者导向，即根据消费者的需求、行为、习惯的多元性和差异性来划分市场。其作用体现在四个方面，即选择目标市场和制定市场营销策略的基础、发掘市场潜力和开拓新市场的前提、集中资源的关键、提高效益的重要抓手。

（1）选择目标市场和制定市场营销策略的基础。如果没有进行市场细分，在进行推广宣传时，就容易迷失在差异多元的市场中，因为市场中群体和个体的差异性是客观存在的。这种迷失不仅容易错失商机，也是对宣传资源和人力资源的浪费。市场细分后，子市场顾客的需求会比较相似，便于企业进行有针对性的分析、策划，推出契合度更好的营销策略。

（2）发掘市场潜力和开拓新市场的前提。通过市场细分，企业可以更好地对每一个细分后的子市场需求欲望、满足程度、潜在对手的情况进行深入分析，进而结合企业实际情况制定差异化的营销方案：是攻、是守、是产品升级，还是突破创新，方向和路径就会比较明确。

（3）集中资源的关键。资源对于企业而言总是稀缺的，特别是时间、人力、财力、能力等资源更是如此。对于中小型企业尤显突出。使用有限的资源和大企业竞争，正是市场细分的重要作用。只有通过市场细分，选择对自己有利的子市场，集中资源，形成系统合力，进而产生区域或局部优势，为企业的发展创造更广阔的空间。

（4）提高效益的重要抓手。企业通过市场细分后，目标市场清晰了，产品设计、生产和推广也就更具有针对性，自然会加速商品流转和资金周转速度，降低企业的运行成本，进而不断提高企业的整体效益。

---

① 屈云波，张少辉编著. 市场细分市场取舍的方法与案例[M]. 北京：企业管理出版社，2010：22.

（二）目标市场

1. 含义。目标市场就是在市场细分的基础上，企业对各个子市场进行评估后，结合自身情况，准备通过相应的产品（或服务）进入的子市场（可以是一个或多个）。如果说市场细分在于寻找机会，那么目标市场就是制定具体的抓住机会的策略。

2. 步骤。一般可以将确定目标市场的步骤分为两步，即评估阶段和确定阶段。

（1）评估阶段。评估阶段是指通过层层评估和筛选，选择出最有可能成为目标市场的细分后的子市场。对细分市场评估，可以从有效性、可行性、吸引力和竞争力等方面进行分析。

评估细分市场的有效性，重点关注细分市场的可衡量性、足量性、可进入性、可区分性和可实施性等。换言之，评估细分市场的有效性就是从市场的角度确定细分市场中企业可以进入的基本条件。[①]

评估细分市场的可行性，重点是从企业目标和拥有资源的角度出发，分析企业在哪些细分市场具备进入的基本条件，探讨企业进入细分市场的可行性。重点评估与企业目标的一致性，特别是和企业的战略目标、长远目标的一致性，要注意取舍。评估企业内部资源对进入细分市场的支撑性，如人力资源、运营条件、资金状况、研发能力、管理能力等。

评估细分市场的吸引力，重点是评估宏观环境和竞争结构对企业的吸引力。前者是指企业在细分市场中的发展前途，主要分析政治法律、经济环境、社会文化、自然条件、科学技术等方面的宏观条件。后者是指企业在细分市场中的竞争力，主要分析同行业竞争力、潜在的新生竞争者、替代产品、购买者和供应商等。

评估细分市场中企业的竞争力是指评估相对于竞争对手，企业在细分市场中的优势，主要从产品（服务）、价格、促销和渠道等方面去评估。在分析的过程中，要能够识别出竞争对手、竞争对手的战略和目标、竞争

---

① 屈云波，张少辉编著. 市场细分市场取舍的方法与案例[M]. 北京：企业管理出版社，2010：173.

对手的优势和劣势，判别和竞争对手竞争的类型是属于形式竞争、品类竞争，还是属类竞争、预算竞争。

（2）确定阶段。确定阶段是指在评估的基础上，通过相应的方法、策略和模式确定企业应进入的细分市场。

目标市场的选择方法主要有九框矩阵分析法、四框矩阵分析法、DPM（可变形部件模型）分析法、层次分析法（AHP）。

目标市场的选择策略主要有无差异市场策略、差异性市场策略和集中性市场策略。在策略确定上，要关注企业资源和实力、产品周期性、市场同质性、竞争者数量、供求关系和竞争者的营销策略等方面的因素。

目标市场的选择模式主要有完全市场覆盖、市场专门化、产品专门化、有选择的专门化和密集单一市场五种模式。每种模式都有属于自己的特点，企业要结合自身情况、目标定位、相对优势进行选择确定。

（三）市场定位

1. 含义。市场定位是指为了获取目标市场，占据清晰、特别和理想的位置而进行的安排。简而言之，市场定位就是企业在细分市场、确定目标之后，为进入、维持或扩大目标市场而做的努力。[①]实现市场定位可以从确定产品（服务）定位战略、产品定价、销售渠道和广告促销等方面进行努力。

产品（服务）定位战略是指企业应该理清产品（服务）的核心是什么、产品的属性是什么、如何建立品牌、如何制定相应的组合策略、如何确定营销战略等。在分析产品（服务）中，最值得图书馆人关注的是对于特征性质的描述。服务具有无形性（指服务在得到之前是看不见、摸不着、闻不到的）、不可分性（指服务不能与服务提供者分离，不论提供者是人还是机器）、可变性（指服务受提供的人、时间、地点和方式的影响，容易发生变化）和易消失性（指服务不能存储，不能供日后交易或使用）。

产品定价，从表面上看是指企业对产品（服务）以金钱作为交易尺度，以便消费者更好地购买和交换。实际上，定价是一个复杂的过程，

---

① （美）菲利普·科特勒（Philip Kotler），（美）加里·阿姆斯特朗（Gary Armstrong）. 科特勒市场营销教程[M]. 俞利军，译. 北京：华夏出版社，2000：45+226+265.

它需要综合考虑内外部因素，根据不同的情况做出不同的定价方案。比如，以成本、价值和竞争为基础进行定价是常用的定价方法，在此之外还有市场渗透定价法、市场撇脂定价法、差别定价法、心理定价法、促销定价法等种类繁多的定价方法。定价看似与提供公益服务的高校图书馆没有关系。这种观点忽视了价格的本质。从狭义上看，价格是指对产品或服务所收的金钱。从广义上看，价格是指消费者用来交换拥有或使用产品（服务）的全部价值量。从这个角度，可以看出读者需要付出的时间成本、便捷程度等也是价格的一部分。

销售渠道是关系产品（服务）销售量的重要环节，有零售、专营、批发、代理等众多类型，有纵向、横向、混合等不同体系，要考虑产品特性、企业特性、中间商特性和环境特性等众多因素。

广告促销是企业和消费者交流的重要方式，特别是在当下信息泛滥的社会中，持有"酒香不怕巷子深"的观念不仅过时，而且"致命"。因为在当下，一种产品（服务）失去关注，就有可能失去存在的价值。在进行广告促销时，企业应该关注五类问题：明确目标受众、确定寻求的反映、选择广告信息、选择传达广告信息的媒体、搜集反馈。

第二节　STP理论图书馆应用研究

一、研究概况

使用"STP+图书馆"和"市场细分+图书馆"作为题名检索词，在超星发现和中国知网数据库中进行搜索，可以分别检索到29篇和14篇文献（截至2021年1月26日）。研究最早的文献出现在1993年，是周从军的《市场理论与图书馆管理——市场细分和目标市场》，发表在《图书情报工作》1993年第五期上。最新的一篇文献是孙超和刘咸的《基于市场细分原则的图书馆空间再造探析》，发表在《图书馆》2020年第五期上。从总体上看，使用STP理论对图书馆相关问题进行探讨的研究数量不多，但时间跨度大，说明市场细分这种营销理论始终在给予图书馆人新的启示和发现。

二、主要研究发现

（一）图书馆市场细分

琼州大学图书馆的倪德钰借用STP理论，主张对信息市场细分，理由有三点：一是市场细分有利于避免重复建设和资源浪费；二是市场细分能让图书馆行业为用户提供多样化而又独具特色的服务；三是市场细分是图书馆在新时代的信息环境下走向市场，参与竞争的起点和基础。并给出了图书馆信息市场细分的四点原则，即图书馆信息市场细分是以广泛的调查、理性科学的分析为基础的；通过市场细分寻找目标市场，除了对用户需求和外部环境的了解外，还应对图书馆自身有充分的了解；在市场细分后，图书馆的多项工作应围绕目标市场展开；信息市场细分后，各馆之间应加强合作，共同建设。[①]

从时间上看，倪德钰在2005年提出要对图书馆的信息市场进行细分，有一定的前瞻性，但其细分的理由却并不符合STP理论对市场细分的精神。STP理论对市场细分的目的是找到适合的目标市场，然后进行对比分析，以确定进入的策略和模式。换句话说，对大市场进行细分是起点，不是终点；是手段，不是追求。其次，倪德钰的四点原则更像建议。原则，是代表性及问题性的一个定点词，是行事所依据的准则，或是指经过长期经验总结所得出的合理化的现象。它的近义词有"定律""原理"。简而言之，原则具有高度概括和浓缩的特点。显然，倪德钰的四点原则不符合这些特征。

相比倪德钰的研究，西南交通大学图书馆周从军的研究更系统，更具有借鉴意义。周从军借用STP理论，依照市场细分化、确定目标市场等步骤，对图书馆的读者市场进行了分析，指出不同的读者群体有不同的文献需求和服务需求，应根据本馆的服务任务、资源与能力，选定适当的目标范围或目标层次作为本馆的服务目标市场。图书馆应该根据文献的类型特点和用户所需，选择合适的目标市场，采取相应的市场策略。[②]尽管周从

---

① 倪德钰. 图书馆建设与信息市场细分[J]. 晋图学刊, 2005（06）：10-11+68.
② 周从军. 市场理论与图书馆管理——市场细分和目标市场[J]. 图书情报工作, 1993（05）：6-10.

军的分析还不够完整，但作为较早将STP理论应用到图书馆管理研究中的学者，其研究有着积极的作用。

（二）服务策略

内蒙古财经学院企管系的任团荣依据STP理论对读者群进行了细分，并针对不同的群体给出了不同的服务建议。[①]虽然其对STP理论的理解不够全面，对目标市场的划分标准也较为简单，但其针对不通群体采用不同策略的思路还是值得借鉴的。

国家图书馆的谢岩岩使用STP理论对国家图书馆立法决策服务市场进行细分，然后提出了国家图书馆立法决策服务营销策略，即协同扩展式营销、功能导向式营销和需求培育式营销，并从加强用户研究和优化营销手段两个方面提出了国家图书馆立法决策服务营销提升途径。[②]其将中央和国家有关机构部门人格化，并依照职能进行市场细分的做法具有创新意义，也具有一定的实践价值，但忽视了人才是部门的关键组成要素，片面强调部门的职能，可能背离了STP理论的初衷。其富含实践案例的营销方式，对于同行的营销具有积极的借鉴意义。

（三）空间再造

孙超和刘咸使用STP理论对图书馆的空间再造进行了可行性分析。其创新点在于很好地运用了细分市场时应把握的六个维度，即可测量性、可接近性、重要性、可辨认性、可操作性和长期稳定性，为其进行市场细分奠定了扎实的基础。其指出随着读者空间需求进化，读者对空间需求已不再是简单的学习、查新、查询、咨询，还包括互动、社交、休闲、创新、创客、亲子等多元化需求，对微空间、个性化空间的需求将不断上升。[③]其研究对于图书馆进行空间改造时应注意的事项和努力方向具有现实的借鉴意义。特别是其根据读者身份特征而做的空间定位分析，对于图书馆在进行

---

① 任团荣. 浅谈市场细分理论在高校图书馆读者工作中的应用[J]. 前沿，1998（07）：64-65.
② 谢岩岩. 基于市场细分的国家图书馆立法决策服务营销策略分析[J]. 国家图书馆学刊，2019，28（02）：25-31.
③ 孙超，刘咸. 基于市场细分原则的图书馆空间再造探析[J]. 图书馆，2020，308（5）：87-92.

类似分析时，具有较强的借鉴意义。当然，若是能在具体的运用策略方面着一些笔墨，将更具参考价值。

（四）文献资源建设

金桂芳和应晓敏使用STP理论对图书馆的文献资源建设进行了实证分析，并提出了文献资源建设的特色经营应从新、好、专、功能和方便等方面努力。其对指导图书馆的文献资源建设具有积极意义[①]，为图书馆部门的专业化建设具有启示作用，但其未充分考虑到STP理论对团体协作、集中资源等方面的重视，未能充分发挥STP理论在形成图书馆的系统合力和实现资源整合方面的作用。

（五）数字资源建设

陈添源采用实证调查的方法，使用市场细分的因子分析、聚类分析等工具分析出手机应用、馆员服务和网速等公因子对子市场的细分起着重要的分群作用，并将高校移动图书馆用户归纳为四个细分市场，分别为：成熟型用户、体验型用户、统数字型用户和碎片阅读型用户。他结合各个细分市场的情况，描述和分析了子市场的行为特征和阅读倾向，对于有针对性地制定营销策略具有积极的借鉴意义。但对市场细分结果的普适性研究需要进一步展开。[②]陈添源的研究是图书馆市场细分领域研究较为扎实的成果之一，对于后人开展针对性的研究具有较强的借鉴意义。

第三节　细分　更好地认识读者

市场细分的目的是更好地了解消费者的特征，做出有针对性和差异化的销售策略，进而提供适合的产品（服务）更好地占领市场。对于图书馆而言，读者就是消费者，各类文献资源和服务就是产品。市场细分理论对于图书馆的启示可以概括为以下几点：

---

① 金桂芳，应晓敏. 市场细分原理在图书馆文献资源建设中的应用[J]. 图书馆学研究，2006（8）：42–43.

② 陈添源. 移动图书馆用户市场细分实证研究[J]. 图书情报工作，2016，60（1）：37–44.

一、需要识别读者的差异

个体的差异是客观存在的，要善于发现不同个体之间的共性，挖掘新的市场。高校图书馆传统的做法是根据读者身份进行划分。如将读者划分为教师、学生和校外读者，其中学生一般又划分为大专生、本科生、硕士生、博士生和留学生。根据读者身份的不同，授予不同的权限。在读者身份特征之外，高校图书馆也会根据学生年级的不同，开展专项服务。例如，针对大一新生的入馆教育，针对大三、大四学生的文献检索专题培训，等等。或者，结合读者所属二级学院的特点开展专题咨询服务。例如，针对理工科专业的科技查新和专利查新咨询服务等。这就意味着高校图书馆在对读者进行市场细分上大有可为。

从需求上对读者进行细分。有些读者喜欢安静，想长时间学习，又禁不住电子产品对自己的诱惑。有些读者阅读时需要出声，这样才可以提高记忆的速度，但又担心自己会影响他人，常常躲在无人的教室里或者楼道里朗读。有类似需求的人究竟有多少，值得图书馆去调查分析，进而形成有针对性的解决方案。

从习惯上对读者进行细分。有些人喜欢早起，有些人喜欢晚睡，有些人独处时学习效率最高，有些人交流讨论时最容易走心入脑。这是客观存在的差异。图书馆开放时间多以早上8点开门、晚上10点关门为主。阅览区域也以大阅览、广区域居多。有些读者喜欢查阅纸质文献，体味书香捧在手里的感觉。有些读者喜欢电子阅览，享受高速互联带来的便利。能否根据读者的习惯，设置较为灵活的分区域开放时间，设置相对独立的个人阅览空间，提供更多个性化的选择，是高校图书馆进行细分时需要思考和研究的问题。

从层次上对读者进行细分。在高校图书馆看来，所有的读者都是平等的，应享受同样的权利，如安静阅览的权利、查阅文献的权利、享受咨询的权利等。高校图书馆普遍采用了自动化管理系统，我们只要稍加改进，就可以将读者使用图书馆的频次和行为习惯识别出来，然后进行有针对性的改进就可以了。

二、需要认识自己的能力

市场细分的目的是寻找适合进入的领域。这里的适合是指组织有资源（人、财、物、信息和时间）的支持，毕竟资源的稀缺性和有限性决定了并不是所有的细分市场都可以进入的。对于这一点，决策者应该有清醒的认识。对于应用型本科高校图书馆更是如此，因为相对于层次更高的高校图书馆而言，我们在人、财、物等方面均有明显的差距。因此，在市场细分之后，我们需要认真评估已有的资源、可以争取的资源和有待开发的资源。

馆藏的能力。馆藏是图书馆最为倚重的资源，这也是图书馆名称的来源。馆藏能否转化为能力，需要从数量、质量、契合度、增长率、更新度和整合度等维度去考虑。拥有充足的文献资源是图书馆实力的体现，在可能的情况下自然是越多越好。但往往受资金和空间的限制，图书馆的文献数量是不可能无限增长的。如何在纸质与电子、旧文献与新文献、专业文献与通识文献、小众文献与大众文献之间寻找平衡，就体现了图书馆馆藏的质量。纸质资源和不同数字资源之间的整合度，也是影响读者使用体验的重要评价维度。

人员的能力。无论高校图书馆的愿景多好，都需要通过服务者将愿景落到实处；无论这个服务者是站在前台服务，还是通过应用程序、公众号、网站去服务，都需要具备相应能力和素养。因此，我们在进入细分市场前，需要根据已有人员的数量、知识储备、服务意识和沟通能力等方面的要素，衡量和评价图书馆人力资源的现状。若是数量不够，很多工作只能望洋兴叹，心有余而力不足。若是知识储备不足，倒可以边学边做，持续推进。若是精神状态不到位，服务意识不强，就需要从教育和制度上进行激励和约束。

设施设备的能力。设备设施是图书馆拥有的建筑、仪器、阅览座位、网络条件等相对固定的资源。这是图书馆提供服务所依赖的硬件条件，是进入细分市场必须考虑的重要因素。若阅览座位有限，常常出现抢座、占座，甚至一座难求的情况，图书馆在细分市场选择上就应以提供数字资源服务为主。当然，也可以通过更加智能高效的座位预约系统，提高座位的实际利用率。通过抑制不合理的占座现象，充分释放阅览座位的潜能。若网络出口带宽有限，图书馆在进入细分市场时要以推广馆内数据库使用为主，或提倡错峰使用。若是图书馆数据库较多，学校专业又比较多，就需要在数据库一站式检索的整合上和定期分类别、有针对性的推广上下功夫。每个图书馆拥有的资源都不尽相同，要充分评价和考虑现有资源的可承受度、可拓展性，在链接、整合、差异化上下功夫。

宣传动员的能力。"酒香也怕巷子深"，宣传能力也是应用型高校图书馆在自我分析时应该评价的内容，再好的产品如果缺少相应的宣传推广，也不能实现最初的愿景。相比学校其他部门，图书馆的宣传能力较弱，主要有两个方面的原因：一是受传统观念的制约。有不少管理者觉得：读书是自己的事儿。我们只要开好门、理好书，保证窗明几净就可以了。二是自身能力不足，对宣传语言、工具、趋势等缺乏认识。对宣传的认识还停留在出海报、拉横幅、网站上发消息的阶段，宣传效果不理想。从某种程度上讲，宣传不仅是一门艺术，还是一门技术。因此，应用型高校图书馆在评价自身宣传动员能力时，可以从话题组织、文案创意、语言表达、技术手段、宣传意识和平台运用等多个维度入手，选择自己擅长的维度，以提高宣传效果。以话题组织为例，要善于顺大势，化外力为我所用。

三、需要规划努力的方向

细化完市场，审视过自己之后，就需要认真梳理自己可以提供的服务（产品），认真分析服务对象的特点，明确可能的业绩增长点，认清不同产品的竞争对手，制定科学的营销策略。

梳理可以提供的服务和产品。根据清华大学图书馆网站的显示，其可以提供17类、37项服务。[①]其推荐的常用服务有检索证明、科技查新、资源荐购、馆际互借申请、北京大学图书馆借书证办理申请、文献加急处理、总馆开架借阅区代查书申请、特藏古籍文献阅览预约、远程书库文献提调

---

① 清华大学图书馆. 图书馆服务[OE]. http://lib.tsinghua.edu.cn/kj/znss.htm. 2021-07-03.

申请、书展申请、展览申请、报告厅和会议室申请、参观接待联系、电子版论文提交14种。应用型本科高校图书馆受限于自身资源和人力条件，通常开展的服务有文献借阅、座位预约、网络资源服务、检索培训和信息咨询等服务，远不能和清华大学图书馆相提并论。即使如此，我们也可以认真梳理已经开展的服务，提升其品质和体验感；也可以在现有的资源中充分挖掘潜力，开发出具有校本特色的新服务。比如，可以提供朗读服务，将相对利用率不高、位置较为偏僻的书库打造为朗读区，以方便需要出声朗读的读者使用。可以提供专题学习服务，拿出一定的区域，设立相对固定的考研考公学习区，允许考研考公的同学较长时间地使用座位，避免他们天天背着厚厚的复习资料到处游走，寻找空位，等等。

了解服务对象的特点。应用型本科高校图书馆服务的对象，从身份上可以分为教职工、学生、校外读者和机构读者。从使用方式上可以分为线上读者和线下读者。从使用频率上可以分为高频读者、普通读者和潜在读者。从付费情况上可以分为机构付费读者、自费读者和免费读者。从使用图书馆目的上可以分为学术研究型读者、学习提高型读者、休闲娱乐型读者和划水闲逛型读者。我们可以根据不同的标准进行细分，再加上时间、行为、心理等维度，就可以分析出行为特征和需求特征较为接近的读者，进而为开展差异化服务提供数据基础。

识别可以增长的业绩点。对于图书馆而言，只有切实感受到变化和增长，才能有助于树立信心，为持续行动注入动力。可增长意味着可统计、可测量、可对比。换句话说，就是在量化的基础上分析新服务产生的现实影响和实际效益。在内外部环境的影响下，应用型本科高校图书馆想开展新的服务，一定要充分发掘其增长点，用可见的增长凝聚更为广泛的共识。比如提供朗读服务，那么开放的朗读区，有没有读者去用，有什么样的体验。

认真评估服务的成本。服务的成本从表现形式上可以分为外显成本和潜在成本。外显成本包括资金投入、人力投入、设备投入、场地投入等，比较容易观察和统计。潜在成本包括折旧、磨损、精力、便利度等，不容易评估。服务的成本从支出主体上可以分为图书馆支出的成本和读者支出的成本。我们习惯于关注外显成本和图书馆支出的成本，忽视潜在成本和读者支出的成本，而后两者往往影响乃至决定一项服务能否成功。特别是读者支出的成本是影响读者的重要因素。比如，朗读服务的朗读区设在顶楼，对图书馆而言需要支出的成本较低。这个区域本来利用率就不高，还不会影响其他读者阅览，是非常理想的场所，可读者并不买账。原因是到顶楼需要爬楼梯，需要支出更多的体力和时间。

认清竞争对手。应用型本科高校图书馆只有认清自己的竞争对手，才能知道自己竞争的优势和劣势是什么。例如，当学生在宿舍学习时，图书馆电子资源的竞争对手就是其他线上学习平台和应用程序。相对于其他线上学习平台和应用程序，图书馆电子资源的优势在于免费、专业，劣势在于没有他们更新快、知名度高。

第三章 更好地认识自己——SWOT（态势分析法）及启示

第一节 SWOT概述

一、SWOT分析法的内涵

SWOT分析法主要着眼点在于将组织自身的实力和其竞争对手进行比较，对机会和威胁分析的焦点在外部环境的变化对企业产生的可能影响。在分析时，应把所有的内部因素（包括优势和劣势）都罗列、总结出来，借助外部力量对这些因素进行评估。从整体上看，SWOT可以分为两部分：第一部分为OT，即机会与威胁分析，主要用来分析外部条件；第二部分为SW，即优势和劣势分析，主要用来分析内部条件。

（一）机会与威胁分析

随着经济的不断扩张、科技水平的迅猛发展和管理经营模式的不断迭代，在经济全球化、一体化过程的不断加速和全球信息网络的高速发展和快速融合下，加之消费需求的多样化和个性化的影响，组织所处的环境更为开放和多变。所有组织都不可能忽视这些变化所产生的影响。因此，进行环境分析成为一种重要的组织职能。

环境发展趋势分为两大类：环境威胁和环境机会。环境威胁是指环境中对企业不利的发展趋势，会对企业的进一步发展形成挑战或阻碍。如果不采取相应的战略行为，这种不利趋势将削弱企业的竞争地位。环境机会就是对企业发展富有吸引力的领域。在这些领域中，企业将拥有竞争优势。

（二）优势与劣势分析

能够识别环境中的机会和威胁，并不意味着能够抓住机会或者规避威胁，因为知行合一往往说起来容易，做起来难。企业需要全面检查自己的优势与劣势，按照不同的要素进行评级，可以分为特强、稍强、中等、稍弱和特弱等多个等级，以便进行分类汇总。在分析要素时，可以从营销、财务、生产和管理等维度入手。

竞争优势是指从消费者视角看，一个企业或它的产品区别于竞争对手的任何元素。它可以是产品线的宽度、产品的大小、质量、可靠性、适用性、风格和形象，或者服务的及时度、服务态度等。尽管竞争优势是指企业与其竞争对手相比较后的综合优势，但是明确企业究竟在哪些维度更具优势更有意义。只有这样，才可以集中优势资源，扬长避短，以实击虚。

影响企业竞争优势的持续时间，主要取决于三个关键因素，即持续度、区分度和反击速度。持续度是指企业建立这种优势要多长时间。区分度是指与竞争对手相比，企业能够获得的优势有多大。反击速度是指竞争对手针对企业这项优势做出有力反应需要多长时间。只有理清这三个关键因素，企业才能建立和维持竞争优势中的地位。

企业可以利用SWOT分析法，找出对自己有利的、值得发扬的因素，以及对自己不利的、要避开的东西，发现存在的问题，找出解决办法，并明确以后的发展方向。根据分析结果，可以将问题按轻重缓急分类，明确哪些是急需解决的问题，哪些是可以稍微拖后一点儿的事情，哪些属于战略目标上的障碍，哪些属于战术上的问题，并将这些研究对象列举出来，依照矩阵形式排列，然后用系统分析的所想，把各种因素相互匹配起来加以分析，从中得出一系列相应的结论。这些结论对于领导者（管理者）做出较正确的决策和规划大有裨益。

二、SWOT分析法的应用

在使用SWOT分析法进行分析时，一般遵循下面的步骤。

（一）确认当下战略

确认企业当前的战略是进行SWOT分析的前提。只有知道目前的行动方向，才能判断其正确与否、适合与否，才能通过SWOT分析后，在SO战略（优势—机会战略）、WO战略（劣势—机会战略）、ST战略（优势—威胁战略）和WT战略（劣势—威胁战略）中做出选择。

（二）分析环境因素

运用各种调查研究方法，分析出企业所处的各种环境因素，即外部环境因素和内部能力因素。外部环境因素包括机会因素和威胁因素，它们是外部环境对公司的发展有直接影响的有利和不利因素，属于客观因素；内部环境因素包括优势因素和劣势因素，它们是公司在其发展中自身存在的积极和消极因素，属主观因素，在调查分析这些因素时，不仅要考虑到历史与现状，更要考虑未来发展问题。

1. 优势。其具体包括有利的竞争态势、充足的财政来源、良好的企业形象、技术力量、规模经济、产品质量、市场份额、成本优势、广告攻势等。

2. 劣势。其具体包括设备老化、管理混乱、缺少关键技术、研究开发落后、资金短缺、经营不善、产品积压、竞争力差等。

3. 机会。具体包括：新产品、新市场、新需求、外国市场壁垒解除、竞争对手失误等。

4. 威胁。其具体包括新的竞争对手、替代产品增多、市场紧缩、行业政策变化、经济衰退、客户偏好改变、突发事件等。

（三）构造SWOT矩阵，确定关键因素

将调查得出的各种因素根据轻重缓急或影响程度等排序方式，构造SWOT矩阵。在此过程中，将那些对公司发展有直接的、重要的、大量的、迫切的、久远的影响因素优先排列出来，而将那些间接的、次要的、少许的、不急的、短暂的影响因素排列在后面。根据企业资源组合情况，确认企业的关键能力和关键限制。尽可能采用通用（GE）矩阵或类似的方式对相关因素进行打分评价，使之量化，以便更好地进行排序和比较，弱化主观因素的影响。

（四）结果定位

所有因素分析完，需要将结果在SWOT分析图上进行定位，以便选出最

适合企业的战略。SWOT分析图如下所示：

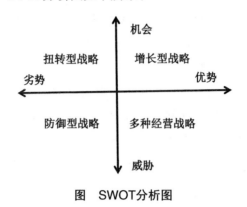

图　SWOT分析图

或者也可以采用SWOT分析表对结果进行汇总，优点是一目了然，便于进一步分析。

表　SWOT分析表

内部因素 外部因素	优势（Strengths）	劣势（Weaknesses）
机会（Opportunities）	杠杆效应	抑制效应
威胁（Threats）	脆弱性	问题性

通过定位，企业比较容易从四个维度去观察和分析战略制定的方向，即杠杆效应、抑制效应、脆弱性和问题性。

1. 杠杆效应，即优势+机会。杠杆效应产生于内部优势与外部机会相互一致和适应时。在这种情形下，企业可以用自身内部优势撬起外部机会，使机会与优势充分结合发挥出来。然而，机会往往是转瞬即逝的，企业必须保持敏锐性，把握时机，乘势而为。

2. 抑制效应，即劣势+机会。抑制效应意味着妨碍、阻止、影响与控制。当环境提供的机会与企业内部资源优势不相适合，或者不能相互叠加时，企业的优势再大也得不到发挥。在这种情形下，企业就需要追加相应的资源，以促进内部资源劣势向优势方面转化，从而顺应外部机会。

3. 脆弱性，即优势+威胁。脆弱性意味着优势的程度或强度的降低、减少。当环境状况对企业优势构成威胁时，优势得不到充分发挥，出现优势不优的脆弱局面。在这种情形下，企业必须克服威胁，以发挥优势。

4．问题性，即劣势+威胁。当内部劣势与企业外部威胁相遇时，企业就面临着严峻挑战，如果处理不当，可能危及企业的生存。

（五）制订行动计划

在完成环境因素分析和SWOT矩阵的构造后，便可以制订出相应的行动计划。制订计划的基本思路是：发挥优势因素，克服劣势因素，利用机会因素，化解威胁因素；考虑过去，立足当前，着眼未来。运用系统分析的综合分析方法，将排列与考虑的各种环境因素相互匹配起来加以组合，得出一系列企业未来发展的可选择对策。

（六）注意事项

1．客观性。进行SWOT分析的时候必须对企业的优势与劣势有客观的认识。

2．区分性。进行SWOT分析的时候必须区分企业的现状与前景。

3．全面性。进行SWOT分析的时候必须考虑全面。

4．比较性。进行SWOT分析的时候必须与竞争对手进行比较，比如优于或劣于企业的竞争对手。

5．简洁性。保持SWOT分析法的简洁化，避免复杂化与过度分析。

6．差异性。SWOT分析法因人而异。

第二节　SWOT图书馆应用研究

一、研究概况

在中国知网中，使用"SWOT"＋"图书馆"作为篇名检索词，共检索到398篇文献。分别使用"态势分析""优劣分析"与"图书馆"组合作为篇名检索词，检索到少量文献，但未使用SWOT分析法，因为词语相同但内涵不同。分别使用"SWOT""道斯矩阵""强弱危机"与"图书馆"组合作为篇名检索词，未曾检索到文献（检索时间截至2021年7月8日）。检索到的398篇文献中，期刊论文371篇，硕士学位论文3篇，会议文献12篇。从时间上看，最早的一篇文献发表于2003年6月25日，刊登于《河南图书馆学刊》，题目为《网络环境下高校图书馆的SWOT分析》。2021年发表的文献有10篇，最新的一篇文献为2021年6月3日刊登于《发明与创新（职业教育）》的《图书馆业务外包的SWOT模型分析》。发文量最多的年份是2014年，共发文38篇；其次为2019年和2020年，均为36篇。发文作者未见明显集中。发文单位以重庆图书馆居首，达到了6篇；其次为湘潭大学、中国国家图书馆和黑龙江大学，均为5篇。总体上看，使用SWOT分析法对图书馆领域的相关问题进行研究得到较为广泛的应用。从2003年的第一篇文献发表以来，每年都有一定数量的文献产生。若仅从发文数量上看，近两年有逐渐增长的趋势。

二、主要研究发现

（一）语词分析

使用分词统计工具，对398篇文献的题目进行统计分析后，发现剔除"图书馆""SWOT""分析"等和检索相关的词及"研究""基于""为""以""例""及""与""下"等词后，出现频次大于10次的词语分别为高校（167次）、服务（129次）、策略（69次）、发展（62次）、信息（46次）、对策（36次）、公共（32次）、建设（31次）、应用（26次）、数字（24次）、大学（21次）、阅读（21次）、环境（20次）、数据（20次）、学院（20次）、院校（20次）、开展（17次）、文化（17次）、营销（17次）、公共（16次）、和（16次）、资源（16次）、我国（15次）、模式（14次）、学科（14次）、工作（13次）、管理（13次）、时代（13次）、推广（13次）、馆员（12次）、模型（12次）、战略（12次）、高职（11次）。从题目不同词语出现的频率上可以看出，使用SWOT分析法研究的主要对象是高校图书馆，研究的主要领域是各类与图书馆服务相关的内容，如学科服务、阅读推广、资源建设、环境影响、信息服务等。另外，策略应用、发展战略、管理模式等也是研究较多的内容。

（二）学科服务

使用SWOT分析法研究学科服务的文章共有15篇，主要面向普通高校，也有个别面向军事院校和高中。毕玉侠[1]等人使用SWOT方法对高校图书馆开展学科馆员服务进行了分析，较为详细地分析了高校图书馆开展学科服务的内部优势、劣势，和外部面临的机遇与挑战，并在分析的基础上给予相应的策略。不足的地方在于，分析完内外因素后，没有进行定性定量分析、构建SWOT矩阵，就直接给出结论，略显说服力不足。

罗亚泓[2]和谌志成[3]都是在具体案例的基础上，研究嵌入式学科服务。两人都是用SWOT对图书馆开展嵌入式学科服务，从四个维度进行了要素分析，都有一定的数据支撑。不同的是前者在分析的基础上，构建了SWOT矩阵，并根据构建情况提出了相关建议。后者在分析完，做了简单论述，就直接给出建议，缺少梳理和构建的过程，存在一些不足。

王金秀[4]和林芳[5]等均使用SWOT方法对学科馆员的服务模式进行了研究。虽然他们都进行了要素分析，且建立了SWOT矩阵，但分析不够深入，内在联系剖析不够彻底，使研究稍显单薄。

（三）阅读推广

使用SWOT分析法研究阅读推广的文章共有21篇，面向联合阅读推广、移动阅读推广、纸本阅读推广和新媒体对图书馆发展的影响等多个领域。孙婧[6]采用SWOT方法对京津冀高校图书馆进行联合阅读推广进行了分析。在分析的基础上构建了SWOT矩阵，并在此基础上给出了发展的建议，将四

---

[1] 毕玉侠，隋晶波，崔淑贞. 高校图书馆开展学科馆员服务的SWOT分析[J]. 情报探索，2012（02）：103–105.

[2] 罗亚泓. 广州高校图书馆嵌入式学科服务的SWOT分析和策略研究[J]. 图书情报工作，2015，59（07）：112–116.

[3] 谌志成. 本科院校图书馆嵌入式学科服务SWOT分析与策略——以湖南工学院图书馆为例[J]. 河南图书馆学刊，2017，37（07）：60–62.

[4] 王金秀. 基于SWOT分析法的高校图书馆学科化服务模式研究[J]. 图书馆研究，2013，43（06）：109–111.

[5] 林芳，吴高，袁振丽. 学科馆员工作模式SWOT分析——以广西师范大学图书馆为例[J]. 图书馆界，2016（04）：85–87+94.

[6] 孙婧. 京津冀高校图书馆联合阅读推广SWOT分析及对策研究[J]. 图书馆工作与研究，2019（03）：88–93.

种战略逐一进行了规划，考虑得比较深，且具有较强的实践价值。唯一需要提升的就是没有选出主战略。

高春玲[①]使用SWOT从四个维度分析了图书馆移动阅读服务的优势、劣势、机遇和威胁，并根据不同的组合战略，给予相关的建议，具有一定的参考价值和借鉴意义。虽然这篇研究移动阅读服务的文章写于8年前，但现在依然具有积极的参考价值，比如建议对数字资源进行整合，强调提高馆员素质以应对边缘化的风险，等等。

郑丽君[②]借助SWOT分析了高校图书馆纸本阅读推广的现状并给出了发展策略。其对纸本阅读面临的机遇、挑战分析得较为深刻。例如，其指出：西方发达国家和我国政府都在加大对纸本阅读的重视和倡导力度，电子图书版权的不断扩张都是机遇；网络的发展，电子阅读的便捷，阅读过于功利性、实用性，纸质图书价格的大幅上涨及"垃圾书"的泛滥都是纸质阅读面临的挑战。不足之处在于未在分析的基础上构建SWOT矩阵，进一步分析应采取的战略。

高源[③]重点分析了移动新媒体对图书馆发展的影响，发表了一篇硕士论文。其从四个维度较为详细地分析了移动新媒体对图书馆的影响，并针对不同策略给出了一些建议。总体感觉分析不够深入，推理还不够严谨，特别是展望部分稍显空泛。

（四）资源建设或应用

使用SWOT研究资源建设或应用的文章共有19篇，主要集中数字资源建设、电子资源应用、资源共享和人力资源建设等领域。黄钰新[④]在梳理海南省高校图书馆数字资源现状的基础上，使用SWOT进行了分析，构建SWOT矩阵，并提出了对应的建议。如果在分析上再深入细致一些会更好。

---

① 高春玲. 基于SWOT的图书馆移动阅读服务分析[J]. 图书馆学刊，2013，35（09）：49-52+56.

② 郑丽君. 高校图书馆纸本阅读推广现状及发展策略研究[J]. 大学图书情报学刊，2014，32（02）：97-101.

③ 高源. 移动新媒体阅读对图书馆发展影响的SWOT分析[D]. 大连：辽宁师范大学，2013.

④ 黄钰新. 基于SWOT矩阵的高校图书馆数字资源现状分析——以海南省高校图书馆为例[J]. 大学图书情报学刊，2017，35（01）：58-62.

官世强[1]利用SWOT分析了提高高校图书馆电子资源使用效率的方法。其基于华中农业大学图书馆的实际做了相应的分析，并对不同战略的方案进行了探索。其基于实例的分析思路具有一定的参考价值，对方案的探索也有一定的借鉴意义。其在分析后的战略选择倾向并不明确，未能很好地实现SWOT的初衷。

黄洁晶[2]等人使用SWOT分析了广州大学城高校图书馆信息资源共建共享拥有的内部优势、劣势和面临外部的机遇与挑战，数据较为翔实。不足之处在于，前期分析较为扎实，结论形成较为草率，未给出具体的策略或建议。

曾玉芳[3]等人使用SWOT对高校图书馆的人力资源建设进行了分析。其分析的图书馆人力资源优劣势中的某些特征直到今日依然存在。比如：优势方面的知识优势、管理机制的优势、分配制度的优势等，劣势中的得过且过的心理定势，缺乏职业吸引力和较弱的用人权，等等。不足之处同黄洁晶等人的文章一样，只有分析，没有具体的策略和建议。

（五）环境影响

使用SWOT研究外部环境对图书馆影响的文章共有21篇，主要集中在互联网环境、大数据环境等方面。齐光月[4]和王春梅等人的文章都是研究互联网环境下高校图书馆的发展。前者切点更小，主要针对图书馆自助服务进行了分析。其对图书馆自助服务优劣势的分析具有一定的借鉴意义。例如：优势有突破了时空限制、提高文献信息资源的利用效率、有助于图书馆业务的重组与优化。劣势有建设成本较高、无法及时识别读者违规行为和对图书整理和加工有更高要求等。这些优劣势在未来智慧图书馆的建

---

① 官世强. 利用SWOT分析提高高校图书馆电子资源使用效率——以华中农业大学为例[J]. 农业图书情报学刊，2014，26（08）：22-24.

② 黄洁晶，艾新革. 广州大学城高校图书馆信息资源共建共享SWOT分析[J]. 图书馆论坛，2009，29（05）：62-64.

③ 曾玉芳，刘日升. 对高校图书馆人力资源建设的SWOT分析[J]. 图书馆学研究，2004（12）：7-9+13.

④ 齐光月. 互联网环境下高校图书馆自助服务SWOT分析[J]. 河南工学院学报，2020，28（04）：61-64.

设中同样存在。王春梅[①]等人是第一批使用SWOT方法分析图书馆工作的研究者。在2003年互联网正在兴起之时，他们的选题确实很超前，只是缺少SWOT矩阵构建的过程，结论略显突兀。

朱维乔和王红芳等人的文章都是从大数据的角度，借助SWOT方法分析图书馆某一方面的工作。前者分析的是数据安全风险控制，后者分析的是学科服务。朱维乔[②]使用SWOT方法对数据安全风险控制进行分析，也属于一种创新，分析得较为全面，也构建了分析矩阵，并对不同的策略展开了论述，给出了相关建议，但倾向性不明显。王红芳[③]等人的文章对图书馆学科服务四个维度的分析较为全面，还可以深入，只是缺少SWOT矩阵构建，就直接给出发展策略，有失稳妥。

张闪闪和王桂荣都是从数字环境的角度，借助SWOT方法分析图书馆的发展。前者分析的是科学专业图书馆，后者分析的是公共图书馆，因与高校图书馆性质不同，在此不再赘述。

（六）信息服务

使用SWOT研究图书馆信息服务的文章共有55篇，主要集中在营销策略、信息素养教育和微服务等方面。叶仕平[④]采用SWOT方法对某高校图书馆的信息服务进行了分析，维度全面，架构完整。在调查分析的基础上，进一步提出发展战略建议，特别是服务周边，发挥高校图书馆服务社会的功能，具有一定的借鉴意义。若是能够点出这些策略属于增长性战略会更有说服力。

肖烨[⑤]等人采用SWOT分析了我国高校图书馆信息素质教育。其对我国高校图书馆信息素质教育四个维度的分析具有一定的说服力，还可以再展

---

① 王春梅，姜佰国. 网络环境下高校图书馆的SWOT分析[J]. 河南图书馆学刊，2003（03）：72-73.

② 朱维乔. 大数据环境下图书馆数据安全风险控制的SWOT分析[J]. 图书馆学刊，2016，38（11）：4-6+19.

③ 王红芳，姜功恒，张凯兵. 大数据环境下图书馆学科服务的SWOT分析与服务策略[J]. 农业图书情报学刊，2015，27（10）：180-183.

④ 叶仕平. 基于SWOT分析的图书馆信息服务营销策略研究[D]. 衡阳：南华大学，2018.

⑤ 肖烨，汤曼. 我国高校图书馆信息素质教育的SWOT分析[J]. 图书馆建设，2010（05）：101-104.

开和深入一些。未能构建SWOT矩阵、对分析结论进行整合，略显遗憾，也模糊了策略选择的依据。其从教师资历、教学模式、教育内容、教学改革和教育制度的论述较为全面，对于深入研究这方面课题的研究者具有一定的参考价值。

阳玉堃[①]等人采用SWOT分析微信小程序在高校图书馆的应用。其分析的四个维度较为全面，并在定性分析的基础上进行了定量分析，进而构建了SWOT分析图，使分析更加深入，更具说服力，最后给出战略和建议。其研究是一篇较为典型和完整的SWOT应用研究文章，具有较高的参考价值。

第三节　对比　更好地认识自己

从诸多研究者采用SWOT分析法对高校图书馆各个方面的工作展开分析研究多年不衰的情况可以看出，SWOT分析法对高校图书馆的发展和研究具有较强的启示和推动价值。鉴于此，应用型高校图书馆应积极采用这种方法，从四个方面更好地认识自己。

一、在维度分析中，更细致地了解自己

（一）认识自己的优势

应用型高校图书馆可以从文献资源、人力资源、场地设施、组织动员能力、宣传手段、师生认可度、资金保障、行业组织等多个维度全面分析自己的优势。

1. 文献资源的优势。应用型高校图书馆是高校文献资源采购、存储、组织、管理和推广宣传的中心，拥有的数量和质量在校内占有绝对优势。这种优势源于四个方面：一是各类评估指标的具体要求，二是师生员工学习科研的需要，三是历史发展的积累，四是科学有效的管理。

---

①　阳玉堃，黄椰曼. 基于SWOT定量分析方法的微信小程序在图书馆应用的战略分析——以用户信息行为为视角[J]. 新世纪图书馆，2018（07）：54-60.

2. 人力资源的优势。应用型高校图书馆的人力资源与校内其他部门相比，在数量、稳定性、忠诚度上占有一定优势。

3. 场地设施的优势。应用型高校图书馆的场地设施在校内具有较大优势，特别表现在数量和空间上。应用型高校图书馆一般都拥有独立的馆舍，区别只是在规模上，也拥有数量可观的阅览座位。同时，应用型高校图书馆的信息化建设水平在校内处于略微领先的位置，这是图书馆吸引读者的基础，也为开展相关业务提供了便利条件。

4. 组织动员上的优势。应用型高校图书馆的组织动员能力具有政治正确的优势，为其组织各类活动奠定了坚实的信任基础。

5. 宣传上的优势。应用型高校图书馆在宣传上有三大优势。一是宣传平台上的优势。因为拥有固定的场所、专门的网站和独特的活动，应用型高校图书馆可以利用的宣传手段很丰富，可以通过宣传板、海报、网站、活动等各种传统的形式宣传自己，也可以通过建设各类新媒体来推广自己。二是宣传内容上的优势。应用型高校图书馆可以宣传的点很多，比如新书荐读、优秀读者、数据库推荐、检索技巧介绍、图书馆利用技巧、书香掠影、活动报道等。三是宣传心理上的优势。图书馆的宣传都是劝人读书、劝人上进、珍惜时间的，没有强制的约束，却有价值上的引导。

6. 师生认可度较高。应用型高校图书馆都是服务部门，以满足读者的需求为主要目标，多是付出的义务。图书馆的服务的地位，更容易赢得师生的认同和尊重。这也为图书馆争取更多的人力资源创造了条件，比如在秩序维护、环境保持、活动组织、阅读宣传上可以邀请到更多的志愿者。

7. 有较为固定的经费保障。虽然各家应用型高校图书馆的经费差距较大，但每年都有较为固定的经费支持，为图书馆开展各类活动提供了经费支撑，避免了"巧妇难为无米之炊"的尴尬。

8. 行业组织上的优势。国家有中国图书馆学会和高校图书情报委员会，各省有图书馆学会和高校图书情报委员会，有些市也有图书馆学分会。这些组织经常举办各类活动，为图书馆之间交流、学习和相互借鉴经验搭建了很好的平台。同时，它们还会组织评先评优活动，为图书馆激励创造了很好的外部条件。

（二）承认自己的弱势

应用型高校图书馆也要充分认识到自己的劣势，可以从思想认识、人力资源、资源整合、宣传能力、创新发展等维度进行分析。

1. 思想认识过于保守。应用型高校图书馆在思想认识上过于保守，管理层认为图书馆主要是保稳定，关键指标符合要求，缺少对图书馆价值深层次的思考和设计。图书馆的管理负责人及馆员缺乏工作的主动性和创造性。

2. 人力资源总体偏弱。应用型高校图书馆人力资源总体偏弱表现在三个方面。一是人员数量偏紧。受编制和经费的影响，应用型高校图书馆的人手一般都较为紧张，缺少空余人手进行开拓性的服务。二是专业能力偏弱。应用型高校图书馆缺少拥有图书、情报、信息等专业背景的员工。三是科研能力不足。应用型高校图书馆工作人员科研能力较为薄弱，没有过多精力进行系统性的课题研究，不利于图书馆的高质量发展。

3. 资源整合不够。其主要体现在文献资源整合不够。应用型高校图书馆几乎都用纸质资源和数字资源、本地资源和远程资源，但各类资源常常独自运行，总体整合不够。其表现在：资源不能一站式检索，不能整体推荐，也不能总体监控和评价各类资源的使用情况。内部人力整合不够，各部门之间沟通协调不够。校内部门联合不够。应用型高校图书馆与其他部门的横向交流不够主动和积极，特别是和拥有大量师生的二级学院横向交流不够，未能发挥出他们的动员和组织作用。

4. 宣传能力偏弱。宣传能力偏弱主要表现在宣传意识不强、新平台应用不够、内容缺乏创新和话题组织能力较差。宣传意识不强是指应用型高校图书馆既缺乏主动宣传的意识，也缺少积极宣传的热情。新平台应用不够是指应用型高校图书馆不善于通过微信公众号等新媒体平台宣传自己，有些甚至都没有在这些平台上开设账号。内容缺乏创新是指宣传的内容还是沿用传统的格式、语句和表达方式。话题组织能力较差是指应用型高校图书馆既缺少紧贴热点话题也缺少自己创造热点的能力。

5. 创新发展不够。或许是受上述因素的影响，应用型高校图书馆在创新发展上缺少主动性和开拓性，表现为开展新服务不多、创新服务方式动力不足、创新发展模式缺少思路。新服务开展能力不够具体表现是：应用型高校图书馆的服务基本上还停留在图书借阅、文献阅览、数字资源提供等传统服务上，基本很少提供新服务。创新服务方式动力不足具体表现在：图书馆对走出图书馆、深入一线的主动服务缺少热情，对开展形式多样的线上服务也缺乏动力。创新发展模式缺少思路具体表现在：应用型高校图书馆对未来的发展缺乏深入思考，没有长远和系统的规划，对在现有模式的基础上进行突破和创新缺乏研究，更谈不上建立适应新时代需要的新服务模式和发展模式。

（三）主动发现机遇

机遇是留给有准备的人，对于应用型高校图书馆也一样。想要做好准备，迎接或者利用机遇，就要认清环境赋予的机遇。在百年未有之大变局的时代背景下，信息增长、知识产权、学校发展、师生需求、个性觉醒、新媒体发展和技术变革都存在着应用型高校图书馆可以借力的机遇。

1. 信息的爆炸式增长创造的机遇。这是一个信息爆炸、资讯便捷的时代，这也是一个令人目盲、容易自我隔绝的时代。信息技术的发展和信息的爆炸式增长一方面轰平了资讯、知识获取的鸿沟，节省了善于学习和研究的人获取资讯、知识的时间和成本；另一方面又加大了人们在目不暇接的信息汪洋中获取有价值信息的难度。这种发展冲击了作为高校信息中心——图书馆的地位，但也为它开辟了新的空间，就是将有价值的信息和知识的技术方法传递给读者。简而言之，应用型高校图书馆要积极转变思维，从卖"鱼"的人变为卖"渔"的人。

2. 知识产权发展带来的机遇。随着中国经济的发展和法律制度的健全，对于知识产权的保护会愈加严格。这种严格体现在对于版权侵犯容忍度的降低和个体获取知识、信息成本的提高。中国知网不断增长的使用费就是一例。应用型高校图书馆作为读者的集合代表比个体有更大的议价权。这意味着其在知识产权保护水平不断提高的背景下，有更大的作为空间。

3. 学校发展带来的机遇。应用型高校图书馆的经费主要来自所属高校，自然是"锅里有，才能碗里有"。随着人民对高水平教育的期望不断增长，国家高等教育大众化程度的不断提高，应用型高校也迎来快速发展的时代。这种快速发展一是表现在规模的扩张上，二是表现在质量的提升上。无论是规模的发展，还是质量的提升，都意味着资金的投入和读者的数量的增长，都为图书馆创造了难得的发展机遇。

4. 师生渴望进步带来的机遇。应用型高校青年老师居多，有提升学历层次或提高科研水平的需求。学生中也多有提升自己学历、充实自我的需求。这种现实的需求为应用型高校图书馆的发展提供了坚实的需求基础。图书馆如何将外在的需求转化为自身的动力，并将其发展成为自身的优势，是值得深入研究的课题。

5. 个性觉醒带来的机遇。人们习惯用十年作为一代人的间隔划分，所以常有"70后""80后""90后""00后"之类的说法。实际上，随着中国物质条件的快速改善，这种代际的变化越来越快，甚至有"三年不同样，五年差一代"的说法。这种快速的变化深层的表现就是个性的觉醒、自信的觉醒、选择的觉醒。这些觉醒使新生代对于环境、氛围、条件、设施有更为独特和差异化的追求。这种觉醒带来的变化，也是应用型高校图书馆应善加利用的机遇。

6. 新媒体发展带来的机遇。微信公众号等众多新媒体的快速崛起，让我们看到新媒体的强大魅力和不同于传统媒体的叙事方式。有人将新媒体的特点概括为形式丰富、互动性强、渠道广泛、覆盖率高、精准到达、性价比高、推广方便等。[1]其核心是主导热、短、快、微的流量思维。热就是热门话题所产生的热度。短就是采用短小精悍的叙事方式。快就是以秒为单位的传播速度。微就是个体视角、小微话题蕴含着出乎意料的能量。从当年的"你妈喊你回家吃饭"的无厘头梗到现在"你懂得"梗，都是微话题、大能量。这种宣传的新方式，也为应用型高校图书馆发出自己的声音、展现自己的特色提供了广阔的机遇。

7. 新技术发展带来的机遇。5G网络、物联网和各种智能设备的发展在推动社会快速发展、方便人民生活的同时，也为构建智慧图书馆创造条件基础。应用型高校图书馆如何借助新技术的发展，整合自己的各类资源，

---

① 王婉妮. 网络新媒体特点及其现状分析[J]. 今传媒，2014，22（12）：123-124.

提供更加智能、自助、个性、多空间和多维度的全天候服务，提供多元化、立体式的阅读引导，都是值得深入研究的新课题。

（四）正视发展挑战

从时间的角度看，图书馆已有上千年的历史，其职能的重心在不同的历史时期，也在不断变化和调整之中。正是这种变化和调整，才让其获得新生和发展。之所以有变化和调整，是因为要正面挑战，完成重构。在新的时代背景下，应用型高校图书馆面临着知识获取方式和学习理念的转变、文献中心转移、新生服务主体和平台不断兴起等诸多挑战，都需要直面现实，认真研究，仔细谋划，寻求解决之道，以走好新时代图书馆的变革之路。

1. 知识获取方式转变的挑战。互联网的发展和信息技术的不断迭代，让人们获取知识的方式更加便捷、多元，不仅老师不再是主要的获取渠道，纸质书刊也逐渐丧失了主体地位。纸质书刊作为获取知识主体地位的逐步下降，对以纸质文献为主要馆藏的应用型高校图书馆带来了巨大的挑战。因为，纸质文献借阅是应用型高校图书馆的主要职能，也是其获取读者关注的重要服务。

2. 学习理念转变的挑战。信息和知识的爆炸式增长，也加速了人们学习理念的转变。传统的以占有知识为目的的学习方式，显然不能适应爆炸式的增长。那么以体验式学习、方法式学习、联想式学习等新型学习模式为内核的学习理念必将迎来新的发展空间。这种基于新理念的学习方式意味着要构建不同的学习环境和评价体系。应用型高校图书馆如何适应这种变化，值得深思。

3. 文献中心地位边缘化的挑战。云计算、大数据和智能网络技术的不断发展，不仅改变着人们获取信息的方式，也深刻影响着人们储存信息、知识、文档的理念和习惯。原本需要偌大空间存储的纸质文献在数字化时代显得臃肿、累赘和有点不合时宜，因为一个手机自带的空间所能存储的电子文献数量就足以超过大多数大型图书馆。如果说以前喜欢学习的标志是泡在图书馆里，那么现在爱学习的标志应该是把图书馆"带在身边"。除了纸质文献之外，还有多少资源是属于图书馆的？绝大多数数字资源，高校图书馆拥有的只是阅览权。换句话说，今天高校图书馆在文献上的作用，中介的功能已大于存储的功能。应用型本科高校图书馆需要思考的是如何更好地将中介这个角色扮演好，以争取更大的生存空间。

4. 新实体和新平台的挑战。各类新生业态层出不穷，各种跨界经营比比皆是。咖啡店引入读书角，书店里卖咖啡已不是新鲜事儿，就连和府捞面里也摆了书架，搞起了读书角，更不要说基于网络的各种阅读空间。应用型本科高校图书馆在平台、人力、资金都无优势的情况下，如何应对这些挑战，是令人头疼的新课题。

二、在对比分析中，规划自己的主攻方向

SWOT分析法最大的优势就在于对比分析，在于基于不同维度去观察研究影响组织发展的内在原因和外部环境。要做好分析，为组织定位提供决策依据，就需要从以下两个方面努力：

（一）在对比分析中，剖析自己

对比分析是全方位的、立体的、纵横交织的，既有对历史的回眸，也有对现实的比较，更有对功能的分析。

1. 在历史分析中，认识自己。应用型高校图书馆应通过回顾历史，追寻初心使命，瞄准未来方向，厘清当下任务。应用型高校图书馆既是高校图书馆的一部分，有序地存储文献、传递文献，让文献发挥自身最大效益，自是其职能之一。为什么会有这样的职能，其背后深层次的逻辑是什么？认真分析一下文献的定义就不言而喻了。文献是什么？按照应用较为广泛的定义：文献是记录一切知识和信息的载体。由此可见，图书馆的根本任务不在于保存和传递文献，而在于通过这种形式将知识和信息传递给更多的人。换句话说，图书馆的初心使命是传递知识和信息，是延续人类智力和文明的成果。如果赞同这个认识，应用型本科高校图书馆就不必过于纠结纸质文献借阅率的高低，而是应将到馆情况、数字资源利用情况、阅读氛围营造、个性空间打造、检索培训和咨询情况作为自己努力的方向。

2. 在竞争分析中，认清自己。孙子曰："知己知彼，百战不殆；不知彼而知己，一胜一负；不知彼，不知己，每战必殆。"在高校图书馆地位受

到影响的背景下，应用型高校图书馆需要做的不是怨天尤人、自怨自艾，而是要认真分析竞争对手来自何方以及与他们相比，应用型高校图书馆的优势劣势是什么。比如：相比于建在宿舍区的通宵自习室，图书馆有什么优势？或者说，宿舍区的通宵自习室是不是图书馆的竞争对手，它为什么不能是图书馆延伸到宿舍的一个阅览室？如果将其视作图书馆的延伸，我们又应该做些什么，进一步完善它的功能？再如：学校周边的特色咖啡吧、网咖是不是高校图书馆的竞争对手？与它们相比，应用型高校图书馆的劣势是什么？它们的优势，应用型高校图书馆可不可以借鉴？类似这样的问题，不仅需要应用型高校图书馆的管理者去思考，更重要的是需要通过实地调研、走访，了解青年学生对竞争对手的评价。

3. 在功能分析中，认全自己。在一些人看来，高校图书馆的工作很轻松。之所以有这样的看法，一方面源于大众想当然的想象，另一方面在于一些图书馆对自身的功能认识不全、开发不够，给别人造成了这种印象。据清华大学图书馆网站上列出的服务就有37项，而有些文献总结其服务项目有70项之多，可见高校图书馆功能可以拓展的空间很大。应用型高校图书馆要从传统的文献借阅、文献保存功能的定势中跳出来，结合新时代的发展要求、新技术的变革力量、新媒体的独特优势、新生代的个性需要，积极拓展新服务，打造新空间，争取新的增长点。

（二）在定位分析中，规划主攻的方向

1. 要对人力资源有清晰的判断。人是组织活动中最核心最重要的要素，应用型高校图书馆亦是如此。当图书馆把自己各项优劣势、机遇和挑战都分析清楚后，在选择方向和项目时，首先需要认真评估现有的人力资源。主要从数量、能力和潜力等方面，结合岗位要求、复杂程度进行评估。有些岗位工作难度系数不高，就是需要数量保障，加上一定的责任心即可。例如，阅览岗位、流通岗位，需要有人值班、巡视、上架和维持秩序。能力主要是指一些岗位对专业能力要求较高，比如，采编岗需要熟悉中图分类法和采编相关规则，能熟练使用计算机。数据库维护岗需要熟练使用计算机及相关数据库语言。咨询服务岗要求拥有较强的沟通能力，对文献检索较为熟练。读者服务岗应具有较强的宣传动员能力和新媒体制作能力，具备较强的宣传意识和一定的文字组织能力等。若是缺少相应的人手，这些工作的开展就难以达到预期的效果。潜力一是指部门员工中可以挖掘的潜力。特别是新生代，他们拥有较强的可塑性，给予适当的鼓励，可能会迸发出惊人的力量。二是指可以挖掘相关社团的能力。比如青年志愿者协会、文学社、读书社等和图书馆有一定联系的学生社团，也是可以开发的人力资源。三是喜欢读书且对宣传书香有兴趣的老师。他们不仅可以成为学生的榜样，也可以丰富图书馆宣传和组织活动的视角。应用型高校图书馆要积极借鉴统一战线的思维，厘清哪些是需要依靠的力量、哪些是值得信赖的力量、哪些是需要争取的力量、哪些是正在观望的力量、哪些又是可能产生阻碍的力量，从而准确地评估自己的人力资源。

2. 要对文献资源有系统的评价。高校图书馆现在文献资源很多，特别是数字资源，应用型高校图书馆也一样。人们习惯从数量上去认识一个图书馆的文献资源，常会问：有多少纸质藏书？生均册数是多少？有多少数据库？中国知网买的全不全啊？……诸如此类的问题会把图书馆的文献资源建设简单化，仿佛文献资源建设就是确保数量的增涨。当然，对于业外人士的认知，图书馆不必强求，但图书馆自己不能也形成这样的错觉。对文献资源的评价可以从广度、利用率、整合度和推广度等方面进行评价。广度就是图书馆文献资源覆盖的面，既包含文献的载体类型（例如，纸质书刊文献、视频文献和数字化的书刊文献等），也包含覆盖的学科专业领域（有没有将学校的专业门类都覆盖到），更包括文献的利用平台和范围（能否在电脑、手机、智能终端间流畅切换，能否打通校内、校外的使用界限）。利用率既包括纸质文献的借阅量、数字资源的访问量，也包括读者对相关资源的认可度。整合度既包括纸质文献与数字文献的整合，也包括不同数字资源间的整合，还包括购买资源和自建资源的整合，更包括利用平台的整合。推广度是指图书馆对文献资源的推广力度、频次和知晓度，特别是对特殊群体的推广和采用特殊的方法、活动的推广。

3. 要对宣传能力有敏锐的理解。对宣传能力缺乏敏锐度是图书馆界较为普遍的现象，但在新的时代背景下，"酒香也怕巷子深"已成为不可改变的事实，特别是应用型高校图书馆更应该重视和提升这个方面的能力。

原因有三：一是应用型高校的学生更具可塑性，特别是在新生中的宣传、引导，更容易让他们对图书馆形成积极的印象。二是应用型高校图书馆容易被边缘化，更需要呐喊和展示，让更多的人（特别是领导层）看到、发现和认同图书馆的价值。三是应用型高校图书馆员工容易自我暗示，调低自己的期望和认可，进而影响工作状态。需要通过不断的宣传来提升士气，唤醒对自我价值和作用的认同。对宣传能力的敏锐理解可以从队伍建设、平台建设、主题策划、宣传形式等多个维度入手。队伍建设是指应用型高校图书馆要主动建设自己的宣传队伍，哪怕是负责人亲自上阵，也要将队伍建起来。平台建设是指应用型高校图书馆应积极在各类新媒体平台上开辟自己的阵地，先确保"有"，再逐步做"大"，慢慢变"强"。主题策划是指应用型高校图书馆要积极规划宣传工作，认真选题，在保持频率的同时，慢慢形成品牌。宣传形式是指应用型高校图书馆要不拘一格、多管齐下、全面开花，充分利用各种可以利用的渠道和平台积极推送新闻、信息和材料，扩大宣传面。

4. 要对技术发展有深刻的感知。技术的发展和设备的升级必然会影响人们的观念和行为，应用型高校图书馆对此要主动发掘、超前思维、积极谋划，要善于将技术进步和设备升级的成果体现到具体的服务中去。例如，面对智慧城市、智慧网络、智能驾驶和万物互联的发展趋势，建设智慧图书馆也逐步成为业界共识。智慧图书馆的智慧体现在哪些方面是值得思考和研究的课题。这个智慧是指环境的智能感知、文献的智能推送、权限的智能赋予，还是区域的智能导引，抑或咨询的智能应答。或者说这些都具备才是智慧图书馆。无论如何，智慧的形成离不开云计算和大数据，离不开更高效和智能的网络，也离不开素质更高、理解能力和执行力更强的专业馆员。要实现本地化、个性化，离不开具有实操能力的专业人士和管理人员。

经过SWOT分析后，一般有四种战略可以选择，即增长型战略（SO）、扭转型战略（WO）、防御型战略（WT）、多种经营战略（ST）。若选择增长型战略，拓展服务要更加主动积极。若选择扭转型战略，就要积极更新观念，善于利用机遇。若选择防御型策略，就要稳扎稳打，步步为营，把当下的工作做得更好。若选择多种经营战略，就要直面挑战，不断创新。

第四章　更好地认识产品
——4P营销理论及启示

第一节　4P营销理论概述

一、4P营销理论的实质

4P营销理论（The Marketing Theory of 4Ps）产生于20世纪60年代的美国，是在营销组合理论的基础上发展而来的。1953年，尼尔·博登（Neil Borden）在美国市场营销学会的就职演说中提出了"市场营销组合"（Marketing mix）的理念。市场营销组合是指市场需求或多或少地在某种程度上受到"营销变量"或"营销要素"的影响。1960年，美国密西根州立大学的杰罗姆·麦卡锡（Jerome McCarthy）教授在其《基础营销》一书中将这些要素概括为4类，即产品（Product）、价格（Price）、渠道（Place）、促销（Promotion）。1967年，菲利普·科特勒（Philip Kotler）在其畅销书《营销管理：分析、规划与控制》第一版中进一步确认了以4P为核心的营销组合方法。自此4P营销理论走入大众的视野。从本质上看，4P营销理论就是理清产品价值传递的链条上各个环节要素的重要性，然后采取针对性的策略，进而扩大企业（组织）的市场或影响力。

二、4P营销理论的内涵

4P营销理论也称为4Ps营销理论，是其视为营销时应重点关注的核心要素——产品（Product）、价格（Price）、渠道（Place）、促销（Promotion）英文单词开头字母的组合。每个字母所代表的是一类因素，而不是一个因素。

（一）产品（Product）的含义

产品是指能够提供给市场被人们使用和消费并满足人们某种需要的任何东西，包括有形产品、服务、人员、组织、观念或它们的组合。比如，汽车、专业咨询都可以是产品。前者满足了人们出行的需要，后者满足了人们对某一专业领域信息的需要。虽然两者差异很大，一个是看得见、摸得着的有形事物，另一个貌似是虚无缥缈的无形事物，都不影响其拥有共同的本质，即对人们某种需求的满足。从营销管理的角度看产品概念，会发现其包含以下五个层次：

一是核心利益。它指产品能提供给顾客的基本效用和利益，是满足顾客需求的中心内容。

二是形式产品。它指核心利益借以实现的形式，即向市场提供产品的试题和服务的形象。

三是期望价值。它指的是购头者购买产品时通常默认的对该产品的一组属性和条件。

四是附加内容。它包括各类与形式产品相关又是顾客需要的服务和辅助产品。

五是潜在能力。它是指在将来该产品可能会实现的内容。

（二）价格（Price）的含义

价格是指顾客购买产品时的价格，包括折扣、支付期限等。价格或价格决策，关系到企业的利润、成本补偿以及是否有利于产品销售、促销等问题。

影响定价的主要因素有三个：需求、成本、竞争。在考虑成本时，容易忽视的是顾客的潜在成本，比如他们购买产品需要支付的时间成本、认同成本、选择成本等。时间成本是指顾客相比购买其他同类产品所需要支付的额外时间。认同成本是指顾客在选择本产品在群体中所得到的认可度。选择成本是指顾客可选择的产品型号的自由度。

最高价格取决于市场需求，最低价格取决于该产品的成本费用。在最高价格和最低价格的幅度内，企业能把这种产品价格定多高则取决于竞争者同种产品的价格。

（三）渠道（Place）的含义

分销渠道是指在商品或服务从生产者向消费者或使用者转移的过程中，取得这种产品或服务的所有权或协助所有权转移的所有企业或个人的组合。之所以会设置分销渠道有以下三个方面的原因：

一是企业缺乏直接进行市场销售的必要资源。

二是控制分销渠道有助于企业产品的推广、声誉的建立和品牌的打造。

三是建立分销渠道，也是社会分工的需要，让专业的人做专业的事，更好地提高效率。

（四）促销（Promotion）的含义

促销是指包括品牌宣传（广告）、公关、促销等一系列营销行为，而不是狭义上的促销活动。或者说这里的促销指的是为扩大产品知名度和影响力而做出的一系列推广活动。

三、4P营销理论的应用

4P营销理论可以根据不同的环节采取不同的战略选择。

（一）产品策略

产品组合是指企业生产经营的各种产品的有机构成和量的比例关系，从微观的角度一般可以分为产品项目、产品线和产品组合。

产品项目是指具有相同用途的一组产品。比如，款式、材料相同的鞋子，因为尺码的差异，就分属不同的产品项目。

产品线，也称产品大类，指用途基本相同，但在款式、规格、颜色等方面具有明显差异的产品项目组合。比如，生产不同类型的鞋子就是鞋厂的生产线。

产品组合就是满足同一目的而组合起来的产品线，即最终可以向社会提供的满足某一需求的产品组合。可以从宽度、长度、深度、关联度等方面对产品组合进行分析。

厘清这三个概念，就便于制定相应的产品组合策略，主要有下面三种：

1. 产品线延伸策略。它又可以细分为向下延伸、向上延伸、双边延伸和产品线填补等策略。

2. 产品线削减策略。当产品线在市场销售业绩上出现滑坡时，就应该找出那些销售业绩下降并导致亏损的产品项目进行削减。当资源供给不足时，就应该考虑集中资源于能产生最大效益的产品项目上。

3. 产品组合调整策略。它主要包括对产品线改造的策略和增删产品线的策略。

对产品组合策略的制定和调整要根据产品市场周期理论进行，认清产品处于市场的介绍期、成长期、成熟期，还是衰退期，进而采取不同的应对策略。

（二）价格策略

从不同的角度，可以有不同的定价方式：

从产品组合方面，可以分为产品线产品项目差别定价策略、产品线产品项目单一价格定价策略和产品组合定价策略。

从市场生命周期阶段，可以分为介绍期定价策略、成长期和成熟期定价策略、衰退期定价策略。

从地理位置方面，可以分为产期价格策略、买主所在地价格策略、成本加运费价格策略、分区运送价格策略和运费补贴价格策略。

从新产品方面，可以分为撇脂定价策略、渗透定价策略和满意定价策略。

从心理方面看，可以分为尾数或整数定价策略、声望定价策略、习惯定价策略、梯子价格策略、对比定价策略、最小单位定价策略、招徕定价策略。

从差异性方面，可以分为顾客差别定价策略、产品样式差别定价策略、地点差异定价策略、时间差异定价策略、线上或线下差别定价策略、支付方式差别定价策略。

从价格折扣方面，可以分为数量折扣策略、现金折扣策略、季节折扣策略和功能折扣策略。

（三）渠道策略

选择什么样的分销渠道，取决于产品需要什么样的服务，主要从批量大小、等候时间、空间便利、产品齐全和服务支持等方面进行考虑。

按照不同的标准，可以将分销渠道划分为不同的类型：

从长度的角度，可以划分为零级渠道（生产商直接将产品卖给消费者）、一级渠道、二级渠道、三级渠道。渠道越长，会导致产品在该渠道通过的速度越缓慢，但服务的专业性和针对性可能会提高。

从宽度的角度，可以分为窄型分销渠道、宽型分销渠道。

从渠道成员的关系角度，可以分为传统式分销渠道、垂直式分销渠道、水平式分销渠道和多元化分销渠道。

（四）促销策略

促销策略主要有五种工具可以选择：

1. 广告，即企业通过媒体付费的方式宣传自己构思、商品和服务的展示和推广活动。

2. 营业推广。营业推广也被称为销售促进，是指企业运用各种方式鼓励潜在顾客试用或购买自己的产品或服务的短期刺激活动。

3. 人员推销。企业通过派出销售员与可能的购买者面对面接触，争取获得更多订单的各种促销活动。

4. 公共关系和宣传。企业设计各种社会和公益活动方案并加以实施以实现宣传企业和产品的各种活动。

5. 直接营销和在线营销。企业通过邮寄、电话、互联网和其他非人员接触工具与目标顾客进行有效的信息沟通，以获取他们产生企业希望的行为的活动。例如，通过网站、公众号宣传介绍自己的产品，以获得顾客的关注。

进行有效的促销，一般会遵循确定目标受众、确定传播目标、设计信息、选择传播渠道、确定与评估预算、决定媒体组合、衡量结果和管理整合营销传播等步骤。只有目标明确、渠道合适、组合妥当，才能发挥出传递信息、促进需求、突出特点和提高声誉的最大效果。当然，产品因素、产品生命周期的阶段、市场因素和营销组合因素也会对效果造成一定的影响。企业在运用五种工具时，可以根据目的的不同选择推动策略或者拉引策略。推动策略是指企业以中间商为主要促销对象，把产品先推给分销渠道，再在中间商的配合下推向终端顾客的策略。拉引策略是指以最终顾客为主要促销对象，引起潜在消费者的兴趣和需求，再由中间商将这种需求传递回来的策略。

第二节　4P营销理论图书馆应用研究

一、研究概述

在中国知网中，使用"4P"+"图书馆"作为篇名检索词，共检索到12篇文献（截至2021年7月17日）。经观察分析，其中有1篇文献是研究DBWIN-L4P联合参考咨询软件的，因为名称中包含"4P"，属于误检。有1篇是使用4P组合理念研究服务的。这里的4P指的是知识服务应从愿景（Perspective）、执着（Persistence）、准确（Precise）和务实（Practice）四个方面进行。这4个词组的英语首字母以P开头，故称4P组合，属于误检。去掉后，一共有10篇文献。最早的一篇研究文章发于2009年6月15日，刊载在《图书馆》2009年第3期上，题为"整合4P与4C营销组合的数字图书馆营销策略"。2021年还没有文献，最新的一篇文献发表于2020年9月25日。可见使用4P营销理论对图书馆进行分析研究的热度并不高。

二、主要研究发现

（一）营销推广

罗文菁[①]基于4P营销理念对图书馆的营销推广进行了研究。其在图书馆营销研究综述的基础上，主张作为读者服务至上的图书馆，运用4P营销组合理念，是图书馆营销推广方法的必然选择。接着对全国25个图书馆进行了调查研究，对营销人员情况、营销的媒体类型、营销主要应用的资源、

---

① 罗文菁. 基于4P营销理念的图书馆营销推广研究[J]. 图书馆研究与工作，2020（02）：35-38.

营销面向的用户类型、采用的营销类型、营销活动的时间等进行了统计分析。最后提出要从明确愿景、尝试最流行的社交媒体、采用SMART标准、开展基于营销结果的评估和注重讲故事等方面加强图书馆的营销。研究具有一定的借鉴意义，只是采用4P营销理论进行分析的过程并未展现，不易看出结论和4P营销理论之间的联系。

贾美娟[①]采用4P与4C营销理论结合的方式研究了大数据背景下图书馆的营销。其分析了大数据时代高校图书馆开展营销具备的条件，主要从三个方面进行了分析，分别是：高校图书馆有可用大数据，包括馆藏数字化资源、读者行为数据、社交媒体数据、RFID（射频识别技术）感应数据；大数据时代高校图书馆营销的必要性，包括生存竞争的需要、自身发展的需要、开拓创新的需要；高校图书馆营销的可行性，包括高校图书馆的服务就是一个服务营销的过程，具有人才、资源、环境、技术、经验等优势。最后根据上述分析，主张从四个方面推进图书馆的营销，分别是实施以用户需求为导向的文献资源与信息服务营销策略、实施以降低用户成本为导向的价格营销策略、实施以用户便捷为导向的渠道营销策略、实施以用户沟通为导向的宣传营销策略。其分析研究具有一定的参考意义，一些建议也具有实践的参考价值。或许因篇幅的限制，相关理论的分析过程并未完全展示，存在一些遗憾。

关云楠和宋东宣[②]使用4P理论，以IFLA（国际图联）国际营销奖的维度对高校图书馆营销策略进行了研究分析。文章首先对2013年以来高校图书馆获得IFLA国际营销奖的情况进行了汇总分析，认为无论是我国高校还是全球高校在营销方面的能力都稍显薄弱。然后从四个方面给出了建议，分别是：打造品牌类活动，发挥长远作用（产品方面）；降低组织活动成本，提高投入产出比（价格方面）；扩大活动组织范围，加强交流合作（渠道方面）；增加多渠道宣传方式，丰富宣传媒介（宣传方面）。总体

---

① 贾美娟. 大数据时代高校图书馆4P+4C整合营销研究[J]. 内蒙古工业大学学报（社会科学版），2016，25（02）：44–47+50.

② 关云楠，宋东宣. 基于4P理论的高校图书馆营销策略研究——以IFLA国际营销奖为例[J]. 中国经贸导刊（中），2020（10）：166–167.

上看，分析深度和广度还有较大的提升空间，建议和策略并没有特别创新的地方。

王艺霖①使用4P理论对少年儿童图书馆的营销策略进行了研究。文章在分析少年儿童图书馆的基础上，从四个方面给出了相应的营销策略。其将图书馆环境设计归入产品策略具有一定的新意，特殊的环境也是一种产品，能够满足顾客的通过环境暗示自我的需求。在价格策略中，收录了深圳少儿图书馆的积分卡策略，也具有一定的借鉴意义。这是另一种改变成本的方式。在渠道策略中，建议采取到小学、中学等少年儿童集中的地方进行宣传、开设分馆等方式，也有积极的意义。

（二）数字图书馆

吴俊英②使用4P与4C营销组合的相关理论对数字图书馆的营销策略进行了研究，主要从产品策略、价格策略、渠道策略和推销策略四个方面进行了分析。在产品策略方面，认为数字图书馆一直采取传统的产品策略，即注重"我能为市场提供什么样的产品"。而这种策略涉及两个核心问题：一是资源数字化所需的技术问题，二是资源的版权问题。这些问题在各方的努力下，已得到解决。价格策略方面认为，世界各国的数字图书馆普遍采用差别定价法，是一种趋势。渠道策略方面认为，由于数字图书馆的网络性，用户可以直接访问数字图书馆网站，从其数据库下载资源，因此许多数字图书馆的经营者往往只注重总站的建设、不重视次级分销渠道的作用。推销策略方面认为，在人员促销上，数字图书馆常常定位于各大高校图书馆和研究所等核心机构用户，对其两级主管（如馆长和采编部主任）实行人员推销。然后从4C理论的角度给出了一些建议。总体上，他的分析具有一定的针对性，抓住了数字图书馆营销的一些特点。直到十多年后的今天他的不少分析仍然成立，对于数字图书馆（站在数据商的角度）具有一定的借鉴意义。但对4P营销理论的相关策略并未进入深入的应用，比如定价策略，只谈了一下差别定价。即使差别定价也有很多方式，并未展

---

① 王艺霖. 基于4P理论的少年儿童图书馆营销策略[J]. 图书馆学刊，2014，36（06）：21-23.

② 吴俊英. 整合4P与4C营销组合的数字图书馆营销策略[J]. 图书馆，2009（03）：86-88.

开。总体感觉只是用4P理论进行现状分析，梳理一个批判的靶子，以便借用4C理论提出相关建议。虽然4C理论更契合时代的发展，但并不意味可以全面替代4P理论。况且，两个理论分析问题的立脚点并不相同，并没有根本性的冲突。

（三）阅读推广活动

金玲[①]使用4P营销理论对图书馆阅读营销推广活动进行了研究。其在阅读推广活动现状调研的基础上，分析了高校阅读推广活动存在的问题，主要表现在：阅读推广活动的信息源对学生的吸引力不够，学生参与阅读推广活动的性价比不高，高校进行阅读推广活动的方式和手段需要进一步挖掘，阅读推广活动的渠道需要进一步拓宽等。然后借用4P营销理论进行了新的策略研究。在产品策略方面，主张提高阅读推广活动图书资源的质量，包括加强调研、准确定位、加强活动反馈、及时改变推广资源形态等。在价格策略方面，主张提高读者参与阅读推广活动的收获，包括压缩组织单位的成本、节约读者参加活动的成本等。在分销策略方面，主张扩大阅读推广活动的组织范围，包括图书馆自办的推广活动、和资源商联办一些推广活动、与学校其他部门联办活动、与社会团体联办等。在促销策略方面，主张丰富阅读推广活动的手段，包括加强专题阅读推广活动力度，注重品牌推广；采用新技术新手段推广；注重活动的连续性；活动方案要醒目；等等。其使用4P理论给出的相关建议，对于高校提高阅读推广活动的效果具有较高的参考价值。

（四）文化精准扶贫

孟祥凤[②]使用4P营销理论对图书馆文化精准扶贫推广方案进行了研究。文章在分析的基础上，按照4P营销理论的框架分别给出了相关建议。一是提升文化精准扶贫的产品质量。主要通过图书馆循环书架、制定专题服务、真人图书馆、引入阅读疗法和图书馆MOOCS实现。二是提高文化精准

---

① 金玲. 4P营销理论下的图书馆阅读营销推广活动研究[J]. 图书馆理论与实践，2016（06）：32–34+38.

② 孟祥凤. 基于4P营销理论的图书馆文化精准扶贫推广方案研究[J]. 河北科技图苑，2020，33（01）：35–39+72.

扶贫的效能。主要通过增加经费、控制时间成本、考核激励和培养精准扶贫馆员来实现。三是扩充文化精准扶贫的覆盖范围。主要通过图书馆自主承办、与当地图书馆合作、与数据商合作、与其他图书馆合作、与社会机构合作和借助驻村书记来实现。四是创新文化精准扶贫的策略，主要包括加强专题文化推广力度、注重品牌推广、采用新媒体形式、促进文化扶贫的连续性和活动方案要醒目等。文章对文化精准扶贫的研究具有较高的参考价值，对图书馆自身营销策略的制定也有借鉴意义。

总体来看，虽然采用4P营销理论对图书馆相关工作进行研究的文章有限，主要集中在营销策略方面，但有不少值得借鉴的有价值的思路和观点。当然，由于4P内容涉及产品从设计、生产、定价、分销，到推广、营销等多个方面，内容较为庞杂，需要消化的内容比较多，值得图书馆进行更深入的探索，为新时代图书馆的营销寻找更多有价值的方案。

第三节　动态　更好地认识服务

4P营销理论虽然将产品（服务）的营销按照传播链条分成了四段，但这四段并不是隔离或独立的环节，而是相互支援、动态调整，以便更好地实现营销目标。有学者认为，按照对营销战略理解的不同，可以将管理者分为四类。一种是只管推销的。组织生产什么，管理者就推动大家卖什么。至于顾客是否需要，管理者不关心。卖不出去，是方法问题，是引导问题。一种是基于4P理论的营销。即在市场调研的基础上，对产品进行改进，将渠道作为营销的核心，用其他3个P来配合营销。一种是在市场细分基础上的4P营销。它是将STP理论和4P理论结合使用，不断地寻找新战场、新打法。另一种是ME（Marketing Everywhere）。它是无所不在的营销或者全员营销，这是营销的最高境界。对照这种分类方式，高校图书馆的营销恐怕只达到第一类型的境界，甚至有些图书馆连第一种都没有达到，因为它们认为图书馆就应该是悄悄地矗立在那里，读者来与不来，我不悲不喜，静待岁月静好。因此，认真研究4P营销理论对图书馆的价值就显得尤为重要，毕竟认识和模式的改变有一个渐进的过程。

一、产品策略

4P营销理论的第一P是产品，其包括产品项目、产品线和产品组合。换句话说，4P理论主张有多种组合，以适应不同的需要。这种策略在大自然演变的过程中就有充分的体现。例如，病毒在繁殖的过程中，会出现多个亚种，有的繁殖速度快，有的破坏性大，有的抗药性强。哪一种更适合生存，让环境（市场）来检验。最后根据环境（市场）检验的情况再优化基因组合。具体到高校图书馆的产品策略制定上，就需要从拓展产品（服务）种类的认识，树立产品（服务）的周期理念，识别核心产品（服务）等。

（一）拓展产品（服务）种类的认识

高校图书馆的产品（服务）有什么？很多人会不假思索地说：借书还书啊！顶多会加上：信息咨询和科技信息服务。说后面两个时，有些图书馆人是有气无力和没有底气的。而科技信息服务在信息技术飞速发展的今天，图书馆似乎也丧失了应有的意义。之所以出现这样的情况，就在于大家对产品（服务）的认识不够深入，未能认识到产品（服务）的本质。产品（服务）的本质是什么？是满足顾客需求的任何东西。从这个定义出发，再来分析图书馆可以提供的产品（服务），会有新的发现。顾客到图书馆为了什么？获取知识、信息是表象，本质是为了提升自己。这个提升包括品位的提升、感受的提升、阅历的提升、思维的提升，甚至包括心情的改善。图书馆可以围绕这些提升，进一步树立自己的产品（服务）组合。

产品组合一：纸质文献组合。应把畅销书籍、大众读物、最新书刊作为尖刀产品，放在最显眼的位置，为他们取一个好听而又引人注目的名字。要时不时地从纸质文献中，挑一些内容好、价值高的优秀读物作为新的产品，避免读者被众多的文献资料弄得眼花缭乱，丧失选择的兴趣。

产品组合二：阅读导读活动。要把活动当成一种产品，要吸引更多的人参与其中。通过活动把阅读荐读和阅读激励的服务融入其中。就像IFLA国际营销奖获奖高校的项目一样，让读者在活动中感受独特的服务。要让这种服务像迪士尼的花车巡游一样，令人瞩目和印象深刻。让读者在图书、座椅之外，还有其他深刻的印象。

产品组合三：阅览环境。目前高校图书馆各阅览室的环境过于千篇一律，常常是大区域、大阅览。可以大胆地分割空间，在风格差异上下功夫，打造一些具有漫画风格、古典风格、简约风格、科幻风格，乃至浪漫风格的小空间，满足不同读者的喜好。

产品组合四：阅览功能。为读者提供安静的阅览环境固然是高校图书馆的主要产品，但高校图书馆同样可以打造一些可以出声朗读的空间，服务那些需要大声朗读的读者。开辟可以相互讨论的空间，服务那些需要彼此交流的读者。开辟一些禁止使用电子产品的阅览区域，服务那些想学习又被电子产品诱惑的读者。

产品组合五：信息综合服务。分析特殊群体的需求，主动为学校高层和较强的科研团队提供信息综合服务，把他们关心的文献和信息形成综述，在节约他们时间的同时，提高图书馆信息服务的价值。

（二）树立产品（服务）的周期理念

根据4P营销理论的相关概念，每一种产品都有一个研制、生产、投放市场、被市场接受和被市场淘汰的过程，即该产品的生命周期。其一般包括介绍期、成长期、成熟期和衰退期四个阶段。因此，高校图书馆的各项产品也不例外，要重视生命周期对产品（服务）的影响。但因为高校图书馆的顾客群体的特殊性，其产品周期也会有特殊性。一般来说，从学生群体的认知特点来看，有激情期、彷徨期、觉悟期和疲软期。

1. 激情期。激情期是指大一新生刚入学，逃脱高中时代巨大的学习压力，对新生活充满憧憬和好奇，容易接受各种新鲜的观念。高校图书馆要抓住这段关键的时期，通过入馆教育、专项宣传、读书活动等多种形式，在他们心中播撒图书馆是大学最重要最美丽的场所，是青春不可或缺的旅途，让他们知道图书馆的美好，为他们将来进入图书馆、利用图书馆撒下喜爱的种子。

2. 彷徨期。彷徨期是指到了大二，学生可选择的活动和项目比较多，如何平衡学业投入、照顾爱好、参加活动、克服惰性和人际交往之间的时间和精力是他们比较关心的问题。图书馆容易成为他们忽视的场所。如何发掘有针对性的特色产品吸引他们的注意力，是图书馆应该努力的方向。

3．觉悟期。觉悟期是指到了大三、大四上学期，部分学生已明确自己努力的方向，投身到考研、考公的复习大潮之中，对图书馆的利用热情也日渐高涨。如何平衡座位有限、开放时间有限、空间有限与他们高涨的需求之间的矛盾，是高校图书馆应该梳理和解决的问题。

4．疲软期。疲软期是指到了大四第二学期，大部分学生都忙于求职或在实习的岗位上奔波，无暇关注图书馆，阅览需求大幅下降。表面上看处于需求疲软期，其实他们对文献查找、获取、文章查重的需求在暴涨，因为这段时间也是毕业论文（设计）撰写的关键时期。高校图书馆可以重点开发、宣传这个项目的产品。同样，针对毕业生离校时段，高校图书馆也可以开发一些具有纪念意义的产品，帮助毕业生留住青春的记忆，比如，包括借阅记录、在馆时长、第一次到馆时间、最喜欢的阅览室等信息的访问日志。

（三）识别核心产品（服务）

高校图书馆可以开发的产品很多，也可以不断地延长产品线，扩大产品服务的面，但要注意识别核心产品（服务），避免全面开发、全面稀松甚至荒废主业的情况出现。在识别核心产品（服务）时，可以从打造品牌、差别服务、不断更新等方面入手。

1．打造品牌。打造品牌是指高校图书馆要集中力量和精力打造一到两个在全校师生中具有知名度的项目。比如，读书节就是一个具有识别度的项目。在这个可以识别的大项目中，还可以打造一个具有特色的小项目，丰富和充实品牌活动的内涵。像南京大学图书馆的"图书馆奇妙夜"就是一个很有特色的活动。"图书馆奇妙夜"是一个综艺性的现场竞技真人秀活动，分成线上、线下两个阶段。线上活动主要包括前期宣传，通过图书馆网站、微信、微博、校园BBS等多种媒体渠道进行推送，收到了良好的效果。

2．差别服务。差别服务是根据不同的产品服务不同的顾客这个理念延伸来的，当然也源于资源的有限性，也是二八法则的场景化应用。二八法则也称帕累托法则（Pareto principle）、关键少数法则，是罗马尼亚管理学家约瑟夫·朱兰提出的一条管理学法则。该法则以意大利经济学家维尔弗雷多·帕累托的名字命名，因为帕累托于1906年提出了著名的关于意大利社会财富分配的研究结论：20%的人口掌握了80%的社会财富。"二八定律"之所以在营销领域得到推崇，就在于其提倡的"有所为，有所不为"的经营方略，有助于组织识别自己的核心业务，从而将自己的注意力集中到这20%的核心业务上，采取有效的倾斜性措施，通过重点突破，进而带动全面和整体进步。这对于资源相对稀缺的高校图书馆特别重要，意味着需要在识别核心业务之后，进行资源倾斜，进行差别化服务，形成品牌，进而带动其他领域发展，特别是对于边缘化比较严重的高校图书馆更应该如此。

3. 不断更新。高校图书馆提供的是服务，面向的是人。人是稳定的因素，也是最善变的因素。稳定的因素是指好奇心、新鲜感、从众性和惰性，是人群的普遍特性。这种特性是创新的根源，也是易变的源头。因此，高校图书馆需要对自己的服务进行包装，不断变化形式，制造新鲜感，让读者总有不同的体验。同时，要通过不断的创新保持图书馆一定的人流量，营造出一种人流量比较大的氛围，让更多人意识到在图书馆阅读、学习、研究，哪怕是休闲的群体规模，也不要让他们感到寂寞。因为人少的安静会给人一种错觉——就只有这么少的人在学习，我是不是太另类、太愚蠢了，这样坚持有意义吗？这也是网红奶茶店即使味道不怎么样，只要队伍够长，就能够吸引更多的人参与的原因。

二、价格策略

企业在制定价格策略时，一般会综合考虑产品的新颖度、成本、地理位置、运费、同类产品的价格等多个方面的因素。高校图书馆的产品是服务，自然也应该考虑多个方面的因素，比如，人力成本、顾客获取成本、顾客心理和潜在竞争服务的价格等。

（一）人力成本

从人力成本看，阅览服务是成本最低的，其中线上阅览成本又低于线下阅览成本。借阅服务要高于阅览成本，特别是线下借阅，还包含采访、编目、加工、典藏、上架、整架等诸多环节。咨询服务的成本又要高一些，因为面对的对象有限，若采用机器咨询，其服务效果又会下降。专题培训的成本要再高一点，它需要精心的准备、宣传、场地的布置和秩序的维护。科技查新查引无疑是服务中成本较高的服务，不是工作一定会高多少，而是需要具有专业素养的人员。这种专业素养就会增加人力成本。既然人力成本有差异，图书馆在推广不同的服务时，就要充分考虑这一点，避免贪多嚼不烂、适得其反。

（二）顾客获取成本

顾客获取成本主要是指顾客获取相关服务需要付出的人力成本、精力成本和时间成本。比如，借阅纸质图书会比借阅电子图书付出的人力成本特别是体力成本要高一些。一是指读者到图书馆借阅纸质图书，需要发生距离的移动；二是指纸质图书本身的重量会给随身携带带来额外的负担。针对纸质图书这种缺陷，有些图书馆将分馆设到阅览区，投放一些流通量高的热门图书，减少读者的获取成本。还有的图书馆采用纸质图书自助流转的方式，减少读者到图书馆还书的麻烦。这种图书自助流转是将读者自己的智能手机作为扫描终端，依托图书馆的智能服务系统，实现纸质图书在读者间自由流转借阅，并发生借阅权限转移的一种服务。精力成本是指顾客在获取相关服务时需要投入精力的大小。高校图书馆有些数字资源利用率不高的一个很关键的原因在于操作步骤过于复杂，读者不容易找到入口，或者不容易寻找到自己想要的文献，便丧失了尝试的兴趣。图书馆习惯于将所有数据库的入口都摆在网站上，其实更重要的是要将数据资源的入口时不时地摆在读者的面前，因为很多人记不住或者根本想不起来图书馆的网站。通过微信公众号等方式时不时地将数据资源的入口推给读者，不仅是为了加深他们的印象，更是为了节省读者获取相关资源的精力成本。时间成本和精力成本的道理是一样的。

（三）顾客心理

免费就一定会吸引顾客的目光吗？显然不是！以色列籍教授卡尼曼（Daniel.Kahneman）认为，在可以计算的大多数情况下，人们对"所损失的东西的价值"估计要高出"得到相同东西的价值"的两倍，即人们对等量的失去物的厌恶程度要远大于获得等量物的快乐。因此，高校图书馆要根据读者的积分分别授予权限，并告诉他们若积分长期得不到增长，将丧失某些权利。这些负激励有些时候比正面激励更有效果。要适当建立朋友之间的阅读排行榜、荣誉榜、星级榜等，让大家在比较中获得更大的进步动力。

（四）潜在竞争产品的价格

与高校图书馆存在竞争关系的产品（服务）有什么？一般会将游戏、电视剧、运动等休闲娱乐健身产品作为竞争对象，甚至将社团活动等作为竞争对象。这其实属于认错了对手。一个正常的人除了学习和提升之外，还需要休闲、娱乐、强身健体，需要人际交往。喜欢游戏的人也可以喜欢图书馆，喜欢图书馆的人也可能同样喜欢追剧。图书馆的竞争对象要根据产品（服务）的种类来看，不同的产品竞争对象是不同的。比如，打印复印的竞争对手是学校各个提供打印复印服务的小店，在价格方面可调整的空间不大，但能否提供排版或简单的编辑服务，是评价降低顾客支出成本的重要指标。数字资源的竞争对象是网上各类收费数据资源。比如，大家习惯用百度检索和下载文档类文献，即使付费，也经常有人充会员使用。其实，百度文库高校版不少高校图书馆是订阅了的，在校师生完全可以节省一笔额外的开支。之所以会出现不少师生充值下载的情况，是大家不熟悉或者不知道百度文库高校版专门的网址，间接地提高了读者获取文档的精力和时间成本。阅览服务的竞争对象是考研教室。相对于图书馆的阅览室，考研教室一般24小时开放，可以占据专门的座位，节省了使用者选择的时间成本。总之，针对图书馆不同的服务，要分门别类地研究竞争对象的特点，进而做出有针对性的改进策略。

（五）定价策略的综合应用

在众多定价策略中，心理定价策略对高校图书馆的启示最多，可以综合加以运用。比如，心理定价策略中的声望定价策略，利用的是顾客对时尚、高档、名牌的追求，以炫耀自己的社会地位和内在实力。高校图书馆可以打造部分设施先进、环境优雅、风格时尚的阅览区域供高阅览积分的读者使用。这个区域的使用前提就是高的阅览积分或高的学分绩点，是不能用金钱等其他方法获取的。当然，习惯性定价策略、梯子价格策略、对比定价策略和招徕定价策略都可以结合具体的产品和场景灵活使用，以提高营销的效果。

三、渠道策略

分销渠道一般由生产企业（服务提供者）、渠道主体（营销主体）、目标顾客（市场）三部分组成。一般图书馆会将服务提供者和营销主体混在一起，不太区分目标顾客，但根据4P营销理论，在制定渠道策略时，应该进行区分，以便制定更合理的策略。渠道策略的使用一般要经历分销渠道设计和渠道运营优化两个阶段。

（一）分销渠道设计

设计一个分销渠道，一般需要经过分析顾客需要的渠道服务水平、确定渠道类型限制因素、制定渠道方案和评价渠道四步。

1. 分析顾客需要的渠道服务水平。高校图书馆需要通过调查研究读者有哪些服务需要、会集中在什么时间段、倾向什么样的服务方式、期待什么水准的服务等。一般会从服务的难易度、需要等候的时间、对空间资源的利用情况、服务可以覆盖的范围和需要提供的服务支持等方面进行了解和分析。比如，对于专题培训服务，一般会在什么情况下需要，更喜欢线下培训还是线上培训，对培训的时长和时间段如何选择，对培训班的规模有什么要求，对培训的授课方式有什么要求，对培训后的支持有什么特别要求，等等，都是可以细化调查和分析的维度。

2. 确定渠道类型限制因素。营销渠道类型的限制因素很多，高校图书馆需要从顾客的心理特征、行为特征、自身资源、人力情况和学校大环境进行适当的筛选，以便解决核心的突出的问题，提高渠道运营的效率。需求人数较多、分布较为分散的产品，可以采用较宽的渠道。比如，纸质文献的借阅需求量较高，就可以将引导服务分散到各个阅览区，其中新书推荐可以采用集中加分散的模式。在主入口集中推荐，各书库分散推荐。针对新生和毕业生不同的特点，要采用不同模式，在人员集中和场地相对集中的同时，注意内容的相对集中，以提高效率。在限制因素中，时间、场地、人力、相关方的能力、新颖性、时尚性和节点契合度是需要重点考虑的因素。

3. 制定渠道方案。高校图书馆制定渠道方案时，要考虑营销主体的类型、营销主体的数量和不同营销主体之间的权利义务。高校图书馆可以选择的营销主体有图书馆自己的营销团队、学工部门、学生社团、学生志愿者和供应商。不同主体各有特点。比如，自己的营销团队对营销的目标把握得更准确，但人数和能力可能有限。学工部门宣传能力较强，但热情不一定太高。学生社团热情很高，但宣传能力有限。学生志愿者热情很高，但对目标的理解和组织能力偏弱。供应商宣传能力可以，资金充足，但容易偏离图书馆的目标，搞成自己产品的推介会。在制定渠道方案时，要根据不同服务的特点和目标，选择不同的营销渠道组合，制定不同的方案，以便进行对比评价。

4. 评价渠道。评价渠道主要从经济性指标、控制性指标、适应性指标三个方面进行评价。经济性指标就是选择该渠道需要资金、人力和设备等资源的投入情况。控制性指标是指高校图书馆对该渠道的掌控力度，要避免失控的情况出现，以防止出现非预期的负面效应。比如：请明星来为阅读活动助阵。表面上看可能会吸引很多人参与，但可能会出现偏离活动初衷的情况。适应性指标是指该渠道能否做到随机应变，应对突发情况，具备良好的沟通能力、稳定的团队协作能力和对环境变化敏锐的觉察力和应变力。慎重选择渠道，并不是渠道越多越好，越宽越好，越大越好，而是选择最利于相关服务推广的。

（二）渠道运营优化

确定了分销渠道类型后，就要对分销渠道进行管理，以使其发挥最大的效率。分销渠道的管理分为渠道成员确认、渠道成员激励、渠道成员评价和改进。

1. 渠道成员确认。分销渠道成员的能力和素质关系到高校图书馆服务营销的广度和知晓率，因此，要对渠道成员的能力和素质进行确认，以学生为主组成的渠道团队或供应商团队更应该如此。一般可以从渠道成员的经历、主要特长、团队成员间的合作精神、执行任务的效率等方面进行筛选和确认。

2．渠道成员激励。不管是高校图书馆自有的营销团队，还是以学生为主体的营销团队，抑或兄弟部门或供应商，都要有相应的激励措施，以调动他们持续推销图书馆相关服务的积极性。在激励策略上，高校图书馆可以选择强制终结，但这属于负面激励，一般不宜采用。高校图书馆可以采用报酬激励，即给予渠道成员额外的报酬。这种报酬可以是钱物，也可以是荣誉、资格、积分、冠名等，要让渠道成员有成就感。高校图书馆还可以采取法律制度力量进行激励。比如，在合同中约定相应的推广义务。在积分制度中，为学生渠道成员开列相应的条款等。高校图书馆还可以借助专业部门或人士的评价，激励渠道成员，或者为渠道成员颁发特别奖项，等等。总之，要通过激励机制，调动营销渠道的活力，促进他们健康成长。

3．渠道成员评价和改进。要在活动和任务中，对渠道成员进行评价。评价应包含营销效率、读者知晓度、信息覆盖度、读者满意度、任务完成度等。按照不同的维度，采用定性和定量相结合的方式进行评价。比如，若是发推文，可以观察推文的浏览量、点赞数、留言数和转载量。若是线下活动，可以观察参与人数、参与时长、参与人的代表性等。对获得的数据进行横向和纵向比较，分析得失，然后进行评价。

四、推销策略

营销传播，或称促销，其实质是一个传播行为。它是指组织将服务向现实和潜在顾客进行宣传，以激发其产生使用或购买行为，从而扩大销量的活动。营销传播一般有五种工具可以选择，分别是广告、营业推广、人员推销、公共关系和直接营销等，但一般会将五种工具混合使用，形成营销传播组合，以提高效率。实现营销传播的有效运作，一般分为确定目标受众（传播目标）、设计信息、选择传播渠道、确定与评估预算、确定媒体组合、衡量结果和优化营销传播等步骤。

（一）确定目标受众

传递信息必须有明确的目标受众。因此，必须研究目标受众的特点、特征。他们是群体、个体、组织，抑或特殊人物。不同的受众决定了传递信息的方式、时间、内容和地点。若是介绍图书馆查询机、复印机的使用方法，针对不同的人群宣传重点不一样。对于没有来图书馆的读者，宣传的重点在于告诉他们图书馆有这项服务、优点是什么、在什么地方，使用方法不是宣传的重点。对于已经进馆的读者，宣传的重点在于告诉这项服务具体的位置和好处。对已经站在查询机、复印机前面的读者而言，使用方法才是关键。宣传座位预约系统等也是同样的道理，先要了解确定目标受众的特点。

（二）设计信息

设计信息是为了更好地实现高校图书馆与读者的沟通，提高营销的效率。设计信息时需要考虑具体说什么（信息的内容），怎样说更合乎情理（信息呈现的结构），以什么样的方式进行叙述（信息呈现的格式），由谁去传递信息（信息源），等等。以图书馆年度数据为例，目的是反映图书馆整体的利用情况，营造一种人流大、利用率高的氛围；目标受众是读者和潜在的读者，还有主管领导。这么多数据，呈现哪些，以什么样的方式呈现，由哪种渠道呈现，都需要设计。呈现给读者的，可以是高度浓缩的、高度视觉化的图标，保证一目了然，印象深刻，可以通过公众号发布，便于传播和互动。呈现给主管领导的，应该是内容较为翔实的数据统计报告，有对比，有分析，还有改进策略，便于领导进一步研判和概括。

（三）选择传播渠道

信息传播渠道可以分为两大类，即人员传播渠道和非人员传播渠道。人员传播渠道是指在两人或多人间进行信息传播，可以面对面，也可以是打电话、微信等其他方式。人员传播渠道又可以根据身份，分为提倡者渠道、专业渠道和社会渠道。这种渠道的优点是：影响力大，容易得到受众的信任和认可；缺点是：传播效率低，容易发生信息走样。非人员传播渠道是指不需要人员的接触或相互交流便可以传递信息，包括媒体、气氛和事件。媒体既包括传统媒体，也包括新媒体。气氛是指通过有目的改变周围环境，以提高顾客的认知度。事件是指借助发布会、赞助等事件间接地宣传相关服务。非人员传播渠道的特点是覆盖面大、传播效率高，缺点是关注度和信任度偏弱。在选择渠道时，图书馆可以根据服务的内容、服务的目标、服务的时间进行差异化的选择。

（四）确定与评估预算

开展任何活动都会付出相应的代价，营销传播同样如此，但高校图书馆可以利用的经费和资源是有限的。这就需要高校图书馆对营销方案的成本进行评价，以实现有限的资源发挥最大的效益。一般企业中评估的方法有销售百分比法、量力而行法、竞争对等法、目标任务法等。对于高校图书馆的特点而言，量力而行法和目标任务法较为适合。

（五）确定媒体组合

因为经费、时间和精力等资源是有限的，高校图书馆就需要在熟悉各类营销传播工具的基础上，合理地确定媒体组合的方式，不能所有的推广都全渠道展开，要有所取舍。即使对待自己可以控制的新媒体平台也要把握节奏，避免因信息过于集中、频繁和琐碎导致受众取消关注，进而影响以后的传播效率。

（六）衡量结果

高校图书馆不仅要认真制定和实施营销传播规划，还应该及时评价营销传播计划的实际效果。一般可以从目标受众的认知度、知晓度和相应服务的需求增长等情况进行评价。尽量使用量化的数据进行分析，以便更加直观和客观，也为进一步的改进和优化提供具有说服力的参考依据。

（七）优化营销传播

在衡量的基础上，根据营销传播工具的优缺点，加以整合和调整，取长补短，以实现更好的营销效果，就是优化营销传播。高校图书馆要重视这个环节，它是衡量结果的目的，是不断提高营销效果的关键。高校图书馆要通过对分散的、零星的信息进行整合，形成明确的、连续一致的信息表达，进而不断提高自身的影响力，乃至在某些服务中形成独特的品牌优势。

第五章　更好地认识环境——PEST （宏观环境）分析模型及启示

第一节　PEST分析模型概述

一、PEST分析法的实质

PEST分析是指对宏观环境的分析，主要是指一切影响行业和企业的宏观因素。虽然不同行业和企业因为自身特点和需求不同，宏观环境各因素的影响也不尽相同，但基本上都可以囊括在政治（Political）、经济（Economic）、社会（Social）和技术（Technological）这四大类因素中。因此，把这种分析宏观环境对组织发展影响的分析方法简称为PEST分析法。简而言之，梳理组织所处的大环境，看清大势是PEST分析法的目的。

二、PEST分析法的内涵

（一）四个维度的具体含义

1. 政治环境（Political Factors）。政治环境包括国家制度、执政党的性质、方针、政策、法律等。国家不同，性质各异，限制和要求千差万别。即使同一个国家，不同时期政策、法律、要求也会有变化。在同一个国家，不同区域（省市）法令也会有差异。这种差异性会通过政策、法律、方针广泛影响着企业的经营行为。分析政治环境的因素，应关注以下维度：

（1）政治因素。其主要包括执政党性质、政治体制、政府的管制、各种政治委员会和政府部门及周边环境。执政党性质对政策的影响很大。它是服务大资本家（财团），是倾向中产阶层，还是照顾收入不高的大多数，取决于它的性质，那是它合法性和力量的来源。政治体制是指国家采用协商共和制、民主共和制、君主立宪制，或其他制度，是历史发展的结果，也不是短时间可以改变的。这种相对稳定性会对企业（组织）的发展产生较为深刻的影响。政府对市场、行业和企业的干涉和管制程度，影响企业的自由度。各种政治委员会和政府部门的协调度也会影响企业的效率。国防开支源自税收，其高低最终会反映到税收上。当然，与重要大国的关系和地区（区域）的关系也是国内政治的延续，会对企业的进出口、原料供应等造成影响。

（2）经济体制。经济体制是偏向计划，还是偏向市场；是开放，还是封闭；是保守，还是宽容，直接影响着企业的发展。

（3）法律和税收。专门法律、政策的修改和调整，特别是环境保护法、产业政策、投资政策和反垄断法规等，会对企业产生较为直接的影响。立法在经济上的作用主要体现在维护公平竞争、维护消费者利益、维护社会最大利益三个方面，因此企业在制定战略时，要充分了解既有的法律规定，特别要关注那些正在酝酿之中的法律，这是企业在市场中生存、参与竞争的重要前提。税法和政府补贴水平也会对企业的行为和利润产生影响。专利数量一方面可以体现这个国家的创新活力，另一方面也可以彰显其对知识产权的支持和保护力度，也是法制是否健全的表现之一。

2. 经济环境。经济环境主要包括宏观和微观两个方面。

宏观经济环境主要指一个国家的人口数量及其增长趋势，国民收入、国民生产总值及其变化情况以及通过这些指标反映出的国民经济发展水平和发展速度。

微观经济环境主要指企业所在地区或所服务地区的消费者的收入水平、消费偏好、储蓄情况、就业程度等因素。这些因素直接决定着企业目前及未来的市场大小。

分析经济环境主要观察以下维度：

（1）发展维度。可以通过分析这个国家的GDP（国内生产总值）及其增长率、工业经济发展程度、经济规模、劳动生产率水平和进出口因素来完成这个维度。

（2）资金维度。可以通过分析这个国家贷款的难易度、利率、通货膨胀率、汇率、证券市场状况、外国投资情况、政府预算赤字和货币与财政政策来完成这个维度。

（3）消费维度。可以通过分析这个国家居民的可支配收入水平、消费（储蓄）倾向、消费模式、失业趋势以及不同地区和消费群体间的收入差别、价格波动来完成这个维度。

3. 社会环境。社会环境包括一个国家或地区的居民教育程度和文化水平、审美观点、价值观念等。文化水平会影响居民的需求层次，价值观念会影响居民对组织目标、组织活动以及组织存在本身的认可与否，审美观点则会影响人们对组织活动内容、活动方式以及活动成果的态度。

分析社会环境主要观察以下维度：

（1）教育程度和文化水平。其主要包括平均教育状况、对权威的态度、对政府的信任度、对政府的态度、对工作的态度、社会责任、对职业的态度、对外国人的态度等。

（2）婚育情况。其主要包括妇女生育率、结婚数、离婚数、人口出生死亡率、人口移进移出率、人口预期寿命、性别角色投资倾向、节育措施状况等。

（3）收入情况。其主要包括社会保障计划、人均收入、生活方式、平均可支配收入、城市城镇和农村的人口变化、特殊利益集团数量等。

4. 技术环境（Technological Factors）。技术环境除了要考察与企业所处领域的活动直接相关的技术手段的发展变化外，还应及时了解：

（1）国家重点发展的科技领域。国家对科技开发的投资和支持重点会对行业和企业产生较大的影响，往往可能会形成产业发展的高地或风口。

（2）技术发展及费用。企业所在领域的技术发展动态和研究开发费用总额会对企业的技术进步和变革产生影响。

（3）技术转化率。产业内技术转化的成功率、速度和技术商品化速度直接影响企业的竞争力。

（4）专利保护水平。专利保护水平，意味着企业能否通过技术建立自己的"护城河"，形成独特的优势，同时会影响企业研发的热情和积极性。

三、PEST分析法的应用

使用PEST分析法一般采用头脑风暴法对各个维度的因素进行分析，目的是尽可能多地找出影响企业（组织）发展的因素，以便进行综合分析。使用头脑风暴法进行PEST分析时，一般遵循以下步骤和原则：

（一）分析步骤

1. 准备阶段

首先，分析负责人应对所分析的维度进行一定的研究，找出问题主线，设定讨论目标，准备相关资料。其次，要慎重确定参会人员，以5—10人为佳。最后，将会议的时间、地点、主题、目标、资料等相关事宜提前告知与会人员，以便他们做好准备。

2. 热身阶段

这个阶段主要是创造一种自由、宽松、祥和的氛围，让大家在较为放松的状态下，进入一种无拘无束的状态，让大家的思维处于轻松和活跃的境界。主持人要有活跃氛围的能力。

3. 明确问题

主持人简明扼要地介绍会议主题，不可过分周全，以便限制与会人员的思维和想象力。

4. 重新表述问题

经过一段讨论后，为了使大家对问题的表述能够具有新角度、新思维，主持人可以对与会人员的发言进行整理和归纳，找出富有创意的见解和启发性的表述，为进一步讨论做参考。

5. 畅谈阶段

畅谈是头脑风暴法的创意形成的关键阶段，应遵守三个规则：一是不要私下交谈，以免分散注意力。二是不妨碍他人发言，不去评论他人发言，每人只谈自己的想法。三是发表见解时要简单明了，一次发言只谈一种见解。

6. 筛选阶段

会议结束后的一两天内，主持人应向与会者了解大家会后的新想法和新思路，以此补充会议记录。然后将大家的想法整理成若干方案，再根据可识别性、创新性、可实施性等标准进行筛选。

（二）分析的原则

在进行分析的过程中一般坚持以下原则：

1. 延迟评判原则。对各种意见、方案的评判必须放到最后阶段，此前不能对别人的意见提出批评和评价。认真对待任何一种设想，而不管其是否适当和可行。

2. 自由畅谈原则。欢迎各抒己见，自由鸣放，创造一种自由、活跃的气氛，激发参加者提出各种荒诞的想法，使与会者思想放松。这是创意激励的关键。

3. 以量求质原则。追求数量，意见越多，产生好意见的可能性越大。这是获得高质量创造性设想的基础。

4. 综合改善原则。探索取长补短的改进办法。除提出自己的意见外，鼓励参加者对他人已经提出的设想进行补充、改进和综合，强调相互启发、相互补充和相互完善。这是能否成功的判断标准。

5. 求异创新原则。头脑风暴的目的是追求差异，寻找不同，在不同中发现新的创意和方案。

6. 限时限人原则。限时限人是为了确保最终的方案能够收敛和集中，避免过于分散和难以总结。

第二节　PEST分析模型与图书馆应用研究

一、研究概述

在中国知网中，使用"PEST"＋"图书馆"作为篇名检索词，共检索到43篇文献（截至2021年7月17日）。经观察分析，其中有不少文献是研究图书馆虫害的，因为虫子的英文就是"pest"，与检索结果不符。去掉研究虫害的文献，一共有21篇文献。最早的一篇研究文章刊载在《图书馆理论与实践》2008年第4期上，题为《基于SWOT框架的图书馆信息营销分析》。

2021年有3篇文献。可见，使用PEST分析法对图书馆的分析研究还在继续进行中。

二、主要研究发现

（一）规划编制

马春[①]采用PEST分析法研究了公共图书馆战略规划编制，对国内尤其是上海公共图书馆的生态环境进行分析。在政治环境方面主要从政策、法律两个方面进行了分析。在法律方面还对比分析了国内外有关公共图书馆的法律，较为全面。在经济方面，主要分析了国家的经济态势和上海的经济形势。在社会环境方面，主要分析了网络发展的影响和公共服务均等需要增长的要求，但网络发展似乎应该划到技术环境因素里，也缺少对读者群体特征的分析。在技术环境方面，主要分析了网络对阅读服务和图书馆空间价值的影响、"数据化"趋势对智慧图书馆的驱动。文章对研究公共图书馆战略规划编制具有一定的参考价值，或许也是其引用数量比较高的原因。

田丽梅[②]采用PEST分析法研究了高校图书馆的十四五规划编制，对高校图书馆面临的政治因素、经济因素、社会因素和技术因素进行了分析，并在分析的基础上给予相关的建议。研究高校图书馆"十四五"规划的文献不少，田丽梅采用PEST分析法进行研究，具有一定的新意和借鉴意义。其对于社会因素和技术因素的分析较为全面，特别是社会因素的分析考虑到时代背景、政府重视、阅读趋势和新媒体的发展等对高校图书馆的影响。其对政治因素和经济因素的分析还有深入的空间。例如，政治因素中教育部、教育厅评估政策对高校图书馆的影响也属于政策因素，对高校图书馆的建设具有较大的影响，关系到高校图书馆馆藏建设、学科服务、队伍建设的方向，并没有进行分析，略显遗憾。另外，PEST分析法一般会采用头

---

① 马春. 基于PEST分析法的公共图书馆战略规划编制实践[J]. 图书馆杂志，2016，35（01）：20-25.

② 田丽梅. 基于PEST分析的高校图书馆"十四五"规划编制环境分析与应对[J]. 图书馆，2021（01）：18-23.

脑风暴法进行因素分析，在其文中并未有明显的体现。

（二）智慧图书馆空间定位

邓李君、杨文建[①]等采用PEST分析法研究了高校智慧图书馆的空间功能定位，分析了高校图书馆在打造智慧图书馆空间方面所处的政治、经济、社会和技术环境，并在分析的基础上又用SWOT分析法做了进一步分析。最后，基于两种方法的分析，给出了强感知的情境空间、高效能的服务空间、贴近自然的舒适空间和面向人文关怀的空间等建议，对高校图书馆打造智慧图书馆空间具有一定的借鉴意义。他们能在有限的篇幅里完成两种方法的应用，实属不易，具有一定的参考价值。

（三）短视频营销

周秀梅和孙耀宇[②]使用PEST分析法研究了高校短视频营销的问题。在政治环境方面，着眼点主要为国家的法律法规、行业协会和组织机构发布的管理规范，得出了国家和组织坚决遏制过度娱乐化的传播倾向，强调内容价值导向和社会效益。在经济环境方面主要从市场规模剧增和影视图书畅销两个方面进行了分析，指出了短视频对图书推广的影响。在社会环境方面主要从著名出版品牌、优质内容机构分析了出版机构和文化机构陆续加盟短视频平台背后的原因。在技术环境方面主要从5G技术驱动和数据精准推送两个方面分析了短视频的影响力迅速增长的原因。在分析的基础上，从品牌打造、团队建立和运营管理三个方面给出了若干建议。这篇文章对于研究高校短视频营销具有较强的参考价值。其分析的维度较为全面，若在社会环境中能分析受众的年龄结构和心理特点，会更具说服力。

（四）地方服务

宁琳[③]采用PEST分析法研究了地方高校图书馆向社会服务的问题。文章在政治环境方面主要强调国家政策为高校图书馆面向社会开放提供了保证。

---

① 邓李君，杨文建. 基于PEST-SWOT分析的智慧图书馆空间功能定位研究[J]. 新世纪图书馆，2021（02）：31-38.

② 周秀梅、孙耀宇. 高校图书馆推广短视频营销的PEST分析与对策[J]. 大学图书情报学刊，2020，38（06）：77-81.

③ 宁琳. 地方高校图书馆向社会服务的PEST和SWOT分析[J]. 图书馆学刊，2010，32（10）：72-73.

细看论据，所谓"保证"更像是要求。从经济环境方面主要强调了高校图书馆向社会开放服务资金不足。这的确是一个问题，但向社会开放能额外增加多少支出呢，或者其向社会开放获得的收入能否抵消增加的支出呢？从社会环境方面，主要强调社会群众渴望到高校图书馆获取信息。从技术环境方面，强调信息技术的发展有利于向社会开放服务。或许因为文章后面还要使用SWOT分析法，PEST分析法的展开维度有限，说服力还有提升的空间。同样，得出结论也比较仓促，看不出和前面的分析有强的内在联系。

（五）阅读推广

徐建锋和周丽媛[①]采取SWOT与PEST结合的方法对地方高校图书馆阅读推广进行了分析研究。PEST的分析主要体现在外部机遇和外部挑战上。这种分析的视角较为新颖，有助于研究者更细致地分析所面临的挑战和机遇，毕竟从四个方面进行分析更有导向性。不足之处在于文章分析的全面性和深度还有提升的空间。就机遇与挑战的技术方面的分析而言，主要将视角停留在云阅读的便利和新媒体的影响上，而忽视了高速网络带来的融合、短视频制作的技术要求等。

（五）人事用工制度

陈平[②]使用PEST分析法对高校图书馆人事用工制度改革进行了研究。文章在政治环境方面指出国家政策为人事用工制度改革提供了依据；在经济环境方面，人事用工制度改革可以更合理地配置资源；在社会环境方面，指出人事用工制度改革有利于营造优秀人才脱颖而出的氛围；从技术环境方面，信息来源渠道的多元化赋予图书馆新的服务内涵。这四个方面的分析论证都有待深入，未能发挥PEST分析法应有的作用，感觉只是戴了一个PEST分析法的帽子。

总体来看，使用PEST分析法对图书馆的研究取得了一些进展，研究的文章处于一个逐步增长的过程，还有较大的提升空间。从已有的文献中可以

---

① 徐建锋，周丽媛. 新媒体环境下地方高校图书馆阅读推广SWOT–PEST分析及发展策略研究[J]. 吉林化工学院学报，2021，38（04）：71–77.
② 陈平. 高校图书馆人事用工制度改革的PEST和SWOT分析[J]. 农业图书情报学刊，2012，24（07）：222–225.

看出研究者对图书馆所处环境的关心，但关心的维度和深度还有较大的增长空间。特别是在四个环境因素分析中对于学校这个大环境的分析还比较少。相对于高校图书馆而言，其所在高校也是大环境，和它的成长更加密切。

第三节　维度　更好地认识环境

PEST分析法的主要作用就是帮助组织更好地认识自己所处环境中的政治、经济、社会和技术方面的各种因素，找出阻碍或有利于组织发展的因素，进而为组织制定相应的方法提供分析的基础。高校图书馆作为高校的文献信息中心，肩负着知识信息传递、文化传承和学习科研氛围营造的重要使命；采用PEST分析法理清环境中的有利和不利因素，对于其自身成长具有重要的意义。

一、政治环境

（一）法律法规

《中华人民共和国公共图书馆法》由第十二届全国人民代表大会常务委员会第三十次会议于2017年11月4日通过，自2018年1月1日起施行。这是中华人民共和国成立后第一部关于图书馆的法律，填补了这个领域的空白，也为图书馆事业的进一步发展奠定了法理基础。虽然这部法律是针对公共图书馆的，但对于高校图书馆也具有极高的参考价值，因为作为图书馆传承文明、延续文化的核心职能是相同的。

虽然高校图书馆没有国家层面的法律，但有教育部颁布的《普通高等学校图书馆规程》。最新的《普通高等学校图书馆规程》颁布于2015年12月31日，对教育部2002年颁布的《普通高等学校图书馆规程（修订）》进行了修订。①再往前是国家教育委员会1987年7月25日颁布的《普通高等

---

① 中华人民共和国教育部. 普通高等学校图书馆规程（修订）[OE/OL]. [2002-02-21]. http://www.moe.gov.cn/jyb_xxgk/gk_gbgg/moe_0/moe_8/moe_23/tnull_221.html.

学校图书馆规程》，也是改革开放后首个关于高校图书馆的规程。由此可见，高校图书馆的地位、职能和作用被肯定和认可是一贯的。最新的《普通高等学校图书馆规程》第二条也明确指出："高等学校图书馆（以下简称"图书馆"）是学校的文献信息资源中心，是为人才培养和科学研究服务的学术性机构，是学校信息化建设的重要组成部分，是校园文化和社会文化建设的重要基地。图书馆的建设和发展应与学校的建设和发展相适应，其水平是学校总体水平的重要标志。"①

（二）政策方向

为加快实现教育现代化，中共中央、国务院于2019年分别印发了《中国教育现代化2035》②和《加快推进教育现代化实施方案（2018—2022年）》③（以下简称《实施方案》）。《中国教育现代化2035》指出：到2035年，总体实现教育现代化，迈入教育强国行列，推动我国成为学习大国、人力资源强国和人才强国，为到21世纪中叶建成富强、民主、文明、和谐、美丽的社会主义现代化强国奠定坚实基础。《实施方案》则指出：推进高等教育内涵发展，加快"双一流"建设，推动建设高等学校全面落实建设方案，建设一流本科教育，实施创新创业教育改革燎原计划。2015年10月国务院发布了《统筹推进世界一流大学和一流学科建设总体方案》。2017年9月，教育部、财政部、国家发展改革委公布世界一流大学和一流学科建设高校及建设学科名单。2019年10月，教育部发布了《关于一流本科课程建设的实施意见》。一流大学、一流学科、一流本科课程等建设逐步拉开帷幕。这三个"一流"基本给了所有层次的本科高校成长的空间，是大家"十四五"期间努力和奋斗的方向。高校图书馆要乘势而为，将自身发展融入学校新一轮发展之中，为学校科技引领、智慧创新、学科创新和科研发展服务。

---

① 中华人民共和国教育部. 普通高等学校图书馆规程[OE/OL]. [2016-01-04]. http://www.moe.gov.cn/srcsite/A08/moe_736/s3886/201601/t20160120_228487.html.

② 新华网. 中国教育现代化2035[OE/OL]. [2019-02-23]. http://www.gov.cn/xinwen/2019-02/23/content_5367987.html.

③ 新华社. 加快推进教育现代化实施方案（2018—2022年）[OE/OL]. [2019-02-23]. http://www.gov.cn/zhengce/2019-02/23/content_5367988.html.

（三）高校环境

全球形势、国内经济形势和国内人口总量的变化，加之高校间的竞争日趋激烈都影响着高校的外部环境。全球形势的变化，呼唤视野更广阔的教育。随着中国经济实力发展和经济发展模式的转变，高等教育加速变革。从2017年开始，中国经济发展已经从注重总量和规模的高速发展转变为注重内涵和质量的高质量发展，也对高等教育提出了新的要求和期望。根据国家统计局数据，中国人口的变化有三大特征：一是人口总数将缓慢上升，若调控不当将出现下降的拐点。二是出生率不断下降。三是高龄人群总量不断增加。这些特征都较为直观地反映出中国人口的老龄化趋势。另一方面，随着高校规模和数量的不断增加，总人口中受过大学教育的人口比例也在不断增加。企业、家庭和个人对高等教育的期望和认知更高更细，渴望更高质量的高等教育。加之，高校数量的不断增长和生源总量的逐步稳定，高校之间的竞争已从规模扩张逐步向质量内涵竞争转移。这是国家和教育部提倡高质量发展的根本原因。高校图书馆作为高校的主要组成部分不仅要在众多师生面前展现自己的实力，更需要切实提高自己的服务质量，补全高校高质量发展的链条。

二、经济环境

（一）经济实力的变化

根据国家统计局2021年2月28日发布的《中华人民共和国2020年国民经济和社会发展统计公报》显示，全年国内生产总值1015986亿元，比上年增长2.3%。其中：第一产业增加值77754亿元，增长3.0%；第二产业增加值384255亿元，增长2.6%；第三产业增加值553977亿元，增长2.1%。第一产业增加值占国内生产总值比重为7.7%，第二产业增加值比重为37.8%，第三产业增加值比重为54.5%。[①]同时，公报还显示全年研究与试验发展

---

① 国家统计局. 中华人民共和国2020年国民经济和社会发展统计公报. [EB/OL]. [2021-02-28]. http://www.stats.gov.cn/tjsj/zxfb/202102/t20210227_1814154.html.

（R&D）经费支出24426亿元，比上年增长10.3%，与国内生产总值之比为2.40%，其中基础研究经费1504亿元。国家科技重大专项共安排198个项目（课题），国家自然科学基金共资助4.57万个项目。再结合《中国教育现代化2035》中"保证国家财政性教育经费支出占国内生产总值的比例一般不低于4%"的要求，相信随着国家经济持续健康的发展，会有更多的经费向教育领域倾斜。作为我国教育组成部分的高等教育显然也属于增长保障的范畴。

（二）家庭教育经费的支出

前程无忧网在2019年5月底，发布《2019国内家庭子女教育投入调查》。调查显示，家庭子女教育年支出主要集中在12000—24000元和24000—36000元两个范围内，占比分别为22.4%和21.7%。38.8%的受访家庭用于子女校外教育和培养的投入占家庭年收入的2—3成。[1]虽然这个调查是针对学龄前、小学及初高中生群体家长的，但依旧可以看出家庭教育经费支出在家庭总收入中所占的比重。再结合随手记2018年9月发布的《中国首份"00后"大学生消费大数据报告》。报告指出，2018年"00后"大学生平均生活费为2049元，而2008年大学生的生活费仅498元，是"90后"大学生的4倍。[2]可以看出家庭教育经费处于飞速增长的势头。这一方面源于人们物质条件和生活水平的改善，另一方面也源于新生代观念的改变。新生代在目睹中国经济社会的飞速发展和快速变革中成长，"早已脱离了对缺衣少食的感受和理解"，对网络技术和新媒体更加熟练和亲密。他们"更有自信和主见"，更不愿意委屈自己，也会体现在消费支出上，自然对阅读环境和条件有更高的期待。

（三）学校经费的投入

中国教育在线对各大教育部直属高校公布的2021年部门预算数据进行了整理，并与2020年的预算数据进行了对比分析。可以看出，新一年高校的预算经费有增有减，但增加的比减少的要多（75所高校中，16所高校预

---

① 搜狐. 2019国内家庭子女教育投入调查：38.8%的家庭消耗年收入的两到三成[OE/OL].[2019-05-28]. https://www.sohu.com/a/316949601_120154811.

② 搜狐. 00后大学生消费报告[OE/OL]. [2019-05-28]. https://www.sohu.com/a/253723494_804679.

算经费有所下降）。其中：清华大学年度总预算最多，为317.28亿元；其次是浙江大学，共有228.16亿元；值得一提的是，北京大学本年度预算超过200亿大关，以221.34亿元位居第三。另外，超过百亿的高校还有中山大学（198.55亿元）、上海交通大学（175.65亿元）、复旦大学（141.62亿元）、山东大学（118.08亿元）、华中科技大学（116.33亿元）、西安交通大学（114.68亿元）、东南大学（113.92亿元）、同济大学（107.04亿元）、武汉大学（106.44亿元）和四川大学（101.76亿元）。从年度增长率来看，北京邮电大学达到34.22%。13所高校增长率在10%—20%之间。[①]虽然应用型高校不能和部属或是双一流的高校相提并论，但总体经费也基本呈逐年增长的趋势。出现这种趋势，一方面源于单位学费收入的增长、在校生数量的增长和地方政府投入的增加，另一方面源于彼此竞争发展和高质量发展的需要。从青塔的一些观察数据中也可以看出。[②]

（四）各类资源费用的上涨

在各方支出和投入增加的同时，高校图书馆也享受到增长的快乐和烦恼。快乐是高校对图书馆的经费也有所增加，烦恼是增加的幅度可能不及各类资源费用上涨的幅度。从某种程度上讲，高校图书馆的总费用处于"负"增长的窘境。

1. 纸质文献价格上涨。根据开卷信息发布的《2018上半年中国图书零售市场趋势和特点》的报告显示，在人工成本、纸价快速提升以及网络端高折扣销售模式的影响之下，这几年的图书价格持续上涨。2012年新书平均定价52元，2017年是75.62元，比2016年增加近3元。2018年上半年新书平均定价为88元，在2017年的水平上上涨近13元。图书定价的快速上涨对图书的销售有一定影响。[③]除了纸质图书在涨价外，不少纸质期刊也加入涨价

① 中国教育在线. 13所超百亿！75所教育部直属高校公布2021年预算[OE/OL]. [2021-04-10]. https：//www.eol.cn/shuju/uni/202104/t20210410_2095134. shtml.

② 超百所高校2021年预算公布！哪些高校经费多？[OE/OL]. [2021-03-04]. https：//www.cingta.com/detail/19577.

③ 开卷信息. 2018上半年中国图书零售市场趋势和特点. [OE/OL]. [2018-07-20]. http：//www.openbook.com.cn/Files/Digest/2018/%E6%96%87%E6%91%98217%E6%9C%9F07-%E7%A0%94%E7%A9%B6%202018%E4%B8%8A%E5%8D%8A%E5%B9%B4%E4%B8%AD%E5%9B%BD%E5%9B%BE%E4%B9%A6%E9%9B%B6%E5%94%AE%E5%B8%82%E5%9C%BA%E6%8A%A5

的行列，一般幅度都超过10%。国外纸质书刊的价格本就昂贵，也有少数处于涨价的行列。这使得高校图书馆不得不将纸质图书的预算采购价从35元/册左右调整到45元/册左右，即使如此也不能完全跟上纸质文献价格的增长速度。在这种情况下，为了保证生均年进书量，有些图书馆不得不采取一些变通的做法，比如控制价格过高图书的采购复本。

2. 数字资源价格上涨。如果说纸质文献价格增长过快，高校图书馆还可以用纸质文献流通量低、使用率不高的借口，适当压缩纸质文献的种类和数量，那么面对使用者众多，具有一定使用依赖性，且价格不断上涨的数字资源，高校图书馆就有力不从心乃至无所适从的感觉。这对高校图书馆的其他数字资源构成了挤出效应，妨碍了数字资源多样化的建设。

3. 设施设备投入费用加大。智慧图书馆建设是高校图书馆未来发展的方向之一。智慧图书馆离不开设施设备的投入，特别是增加基于5G网络、智能感应、物联网和大数据等技术的设备。以RFID射频技术为例，它可以提高图书的借还效率，帮助读者定位文献，提高图书上架的效率，增强读者的使用感受。若要建设基于RFID射频技术的借阅体系，仅为图书贴上RFID芯片，每册就需要增加0.7元。这对于动辄百万册馆藏量的高校图书馆来说是一笔不小的开支。若将配套的识别设备和借还设备也考虑在内，价格更为惊人。

4. 人员工资上涨。随着国家对教育重视程度和投入的不断提高，高校教师的收入也在逐步上涨。被大多数高校划为教学辅助部门的图书馆员工的工资也有一定程度的上涨，但还不足以让专业人员安心且稳定地工作。同样，勤工俭学学生和承担保洁任务的工勤人员也有增加工资的愿望，毕竟其他领域的工资都在上涨，不能让别人全靠情怀去工作。

三、社会环境

当下的社会环境对图书馆的影响主要表现在以下几个方面：

1. 全民阅读已经到来。从世界历史发展看，提倡读书，促进阅读，是各个民族和各种文明的共同传统，始终伴随着人类文明的发展。或许正是因为这个传统，当代社会阅读风气逐步兴起，并演变为全民阅读。联合国教科文组织于1995年建立的"世界读书日"更是这种潮流蓬勃发展的一个标志。现在，这个旨在鼓励更多的人多读书、读好书的日子已发展成为世界性的读书盛会，尤其在学校和图书馆中。各个图书馆无不围绕每年的这一天举办多种多样的阅读推广活动。不少国家和城市也设立了读书节，甚至把促进阅读上升到法律的高度，进而大大地推动了全民阅读向纵深发展。

1997年1月，中宣部、文化部、国家教委等九部委发出了《关于在全国组织实施"知识工程"的通知》，发动了一场以发展图书馆事业为手段，倡导全民阅读、推动知识传播的系统工程。2004年4月，全国知识工作领导小组和文化部联合主办、中国图书馆学会和国家图书馆承办的以"倡导全民阅读、建设阅读社会"为主体的"世界读书日"拉开了阅读宣传活动的序幕。此后，每年"世界读书日"前后，全国各地都会开展丰富多彩的阅读推广活动。

2011年党的十七届六中全会通过的《关于深化文化体制改革推动社会主义文化大繁荣大发展若干重大问题的决定》，把深入开展全民阅读活动作为加快城乡文化一体化发展的重要内容。自2014年十二届全国人大第二次会议的政府报告中提出"倡导全民阅读"以来，"全民阅读"已连续7次被写入《政府工作报告》。由此可见，世界各国和我国政府对全民阅读的重视程度和推动力度。

从图书馆界自身看，开展阅读推广活动已经在国内外业界形成高度共识。《公共图书馆宣言》将开展阅读活动列为图书馆的重要使命。国际图联（IFLA）等国际组织的相关宣言、文件，都把阅读放到重要和突出的位置。《中国图书馆服务宣言》则说得更为明确："图书馆努力促进全民阅读。图书馆为公民终身学习提供保障，促进学习型社会的建设。"2006年中国图书馆学会成立了"科普与阅读指导委员会"，2009年更名为"阅读推广委员会"。现在，阅读推广委员会已有十五个专业委员会，委员300余人，分布于全国各地各类图书馆。多年来，已经组织了几百场次的阅读推广活动，造就了"全民阅读论坛""全民阅读高峰论坛"等著名活动品牌。现在中国图书馆学会阅读推广委员已经成为全国开展阅读推广活动的中坚力量。[①]

全民阅读的风气正在形成。2021年4月23日，根据中国新闻出版研究院组织实施的第十八次全国国民阅读调查报告，可以看出我国国民阅读有以下几个特点：

一是综合阅读率持续稳定增长。2020年我国成年国民包括书报刊和数字出版物在内的各种媒介的综合阅读率为81.3%，较2019年的81.1%提升了0.2个百分点。其中：图书阅读率为59.5%，较2019年的59.3%增长了0.2个百分点；报纸阅读率为25.5%，较2019年的27.6%下降了2.1个百分点；期刊阅读率为18.7%，较2019年的19.3%下降了0.6个百分点；数字化阅读方式（网络在线阅读、手机阅读、电子阅读器阅读、Pad阅读等）的接触率为79.4%，较2019年的79.3%增长了0.1个百分点。

二是手机阅读和网络阅读成为主要方式。2020年有76.7%的成年国民进行过手机阅读，较2019年的76.1%增长了0.6个百分点；71.5%的成年国民进行过网络在线阅读，与2019年（71.6%）基本持平；27.2%的成年国民在电子阅读器上阅读，较2019年的24.8%增长了2.4个百分点；21.8%的成年国民使用平板电脑进行数字化阅读，较2019年的21.3%增长了0.5个百分点。

三是人均纸质图书和电子书阅读量均有提升。2020年我国成年国民人均纸质图书阅读量为4.70本，高于2019年的4.65本；人均电子书阅读量为3.29本，高于2019年的2.84本。

四是阅读介质的多样化趋势不断增强。2020年，我国有三成以上（31.6%）的成年国民有听书习惯，较2019年的平均水平（30.3%）提高了1.3个百分点。主要通过移动有声应用程序平台、微信公众号或小程序、智能音箱、广播和有声阅读器或语音读书机等介质听书。[②]

2. 碎片化阅读影响人们认知的深度。数字化阅读的出现，极大提高了阅读率，同时衍生了一种新的阅读形式——碎片化阅读。所谓"碎片化"

[①] 吴晞. 中国史话：图书馆史话[M]. 北京：社会科学文献出版社，2015：281-282.

[②] 中国出版传媒商报. 2020全国国民阅读调查报告权威发布[OE/OL]. [2021-04-24]. https：// baijiahao.baidu.com/s？id=1697902011993153385&wfr=spider&for=pc.

阅读，主要是指通过新型媒介终端所进行的断续、非体系化阅读的一种模式。毋庸置疑，碎片化阅读能够满足人们多元化摄取资讯的需求，但容易分散注意力，使人缺乏系统的思考能力，带来诸多负面影响。一是"伪阅读"悄悄崛起。所谓"伪阅读"是指许多人不是真的在读书，尤其是一些大部头书、古文书、外文书，不愿意下功夫，只是浅尝辄止，或是看一些零星的二手资料，就沾沾自喜，以为掌握了真相乃至真理。二是娱乐化倾向严重。一些阅读者一味追求消遣和休闲，将大多精力花在娱乐八卦等缺乏深度的阅读上。三是碎片化阅读影响未成年人的认知。

四、技术环境

（一）信息技术的发展

随着"宽带中国"战略的推进，我国新一代信息基础设施的不断升级，互联网覆盖范围和服务质量进一步提高，共享经济发展的网络基础进一步夯实。移动互联网、云计算、大数据和人工智能等新一代信息技术的发展，将不断提高组织对海量数据的收集、传输和处理能力，不断提升服务质量和用户体验。高端传感器、智能终端、人机交互等软硬件的不断升级，将不断加快万物互联的步伐。总之，随着信息技术的不断发展，将影响到人们生活的方方面面，也将深刻改变人们认识世界和获取信息的底层逻辑。例如，人们对信息获取速度的要求更高，对等待时长的忍耐度更低。就像习惯使用智能终端的小朋友会认为所有的电子照片都可以随意放大或缩小，对于不支持这种功能的终端，要么认为其"坏"了，要么放弃不用。同样一些新的教学形式也影响着图书馆的服务，如MOOC（大型开放式网络课程）、翻转课堂、微课等。

（二）数字资源的流行

网络和智能终端的普及大大地提高了数字资源利用的效率，而云计算、云存储和大数据技术的发展，又给数字资源商创造了茁壮成长的环境，无须再担心因并行过高和访问量过大造成的死机或系统崩溃。正是在这种背景下，中国知网、上海万方、重庆维普等以电子期刊、学位论文、会议文献、专利文献为主要产品内容的文献数据商逐步做大，甚至具有垄断市场、自由定价的能力。北京超星、京东电子书、腾讯阅读等数据商在数字图书领域也做得风生水起。百度文库等数据商也在自己擅长的领域不断深耕。还有其他包括外文数字资源在内的各类数字资源均处于快速成长的阶段，为人们学习、科研、生活获取信息和知识提供了各种选择，让人们在享受便利的同时，对网络产生了深深的依恋。

（三）新媒体的崛起

在当下的语境中，相对于传统的媒体（包括纸质媒体、电视和广播）而言，新媒体是以数字压缩和无线网络技术为支撑，具有大容量、实时性高和交互性强的优势，且具有全球传播力的媒体。微信公众号等就是其典型代表。其最大特点是打破了媒介之间的壁垒，消融了媒体介质之间，地域、行政之间，甚至传播者与接受者之间的边界，具有以下四个典型特征：

1. 个性化更加突出

不同于传统媒体几乎都是大众化的，而新媒体的受众可以分得更细，直接面向个人。个人可以根据自己的喜好，通过新媒体定制自己需要的新闻。也就是说，每个新媒体受众手中最终接收到的信息内容组合可以是一样的，也可以是完全不同的。

2. 受众可选择的空间更大

在新媒体的世界里，人人都可以接收信息，人人也都可以发布信息。用户可以一边看电视节目、一边播放音乐，同时还参与对节目的投票，还可以对信息进行检索。这是对传统媒体的主导型的颠覆，是"受众主导型"的崛起。因此，受众有更大的选择，可以自由阅读、编辑信息、分享信息。

3. 表现形式多样

新媒体形式多样，可融文字、音频、视频于一体，做到随时随地、无限地扩展内容，从而使内容成为不断生长的"活物"。新媒体"可检索性"的特点，进一步加强了不同信息和知识之间的联系，使阅读和获取更加方便。

4. 实时在线

与广播、电视相比，只有新媒体才真正无时间限制，随时可以加工发布。新媒体用强大的软件和网页呈现内容，可以轻松地实现24小时在线。新媒体具有极强交互性，独特的网络介质使得信息传播者与接受者的关系更加平等，受众不再轻易受媒体"摆布"，而是可以通过新媒体的互动发出更多的声音，影响信息传播者。

（四）智能终端的普及

根据中国互联网络信息中心（CNNIC）2021年2月3日发布第47次《中国互联网络发展状况统计报告》显示，截至2020年12月，我国的网民总体规模已占全球网民的1/5左右。"十三五"期间我国网民规模从6.88亿增长至9.89亿，5年增长了43.7%。截至2020年12月网民增长的主体由青年群体向未成年和老年群体转化的趋势日趋明显。网龄在一年以下的网民中，20岁以下网民占比较该群体在网民总体中的占比高17.1个百分点；60岁以上网民占比较该群体在网民总体中的占比高11.0个百分点。未成年人、"银发"老人群体陆续"触网"，构成了多元庞大的数字社会。其中，农村网民规模为3.09亿，城镇网民规模为6.80亿，相较2020年3月分别增长了5472万人和3069万人。截至2020年12月，我国网民使用手机上网的比例达99.7%，较2020年3月提升0.4个百分点。网民使用台式电脑上网、笔记本电脑上网、电视上网、平板电脑上网的比例分别为32.8%、28.2%、24.0%和22.9%，均较2020年3月有所降低。从趋势上看，我国网民使用手机上网比例在逐年攀升，见图——手机网民规模及其占网民比例。

图　手机网民规模及其占网民比例图

　　使用PEST分析法对我国高校图书馆所处环境的政治、经济、社会、技术等环境因素进行分析后，可以看出时代对高校图书馆发展提出了新的要求。高校图书馆要敏锐地把握时代发展的趋势，积极作为，认真规划，因势利导，将自身的发展统一到国家、社会和学校发展的需求上去，在主动服务、积极变革中寻找成长的机遇和力量。

第六章　更好地认识关系
——4R营销理论及启示

第一节　4R营销理论概述

一、4R营销理论的实质

4R营销理论用的是关系（Relationship）、节省（Retrenchment）、关联（Relevancy）、报酬（Reward）四个英文单词的首字母，也称为4Rs理论，英文名称是"The Marketing Theory of 4Rs"。之所以用这四个字母，为的是更好地与4R营销理论相对应。4R营销理论是艾略特·艾登伯格（Elliott Ettenberg）于2001年在其《4R营销》一书中首先提出的。[①]唐·舒尔茨（Don E. Schuhz）在4C营销理论的基础上，进一步丰富了4R营销理论体系。4R营销理论是以关系营销为核心，注重企业和客户关系的长期互动，重在建立顾客忠诚的一种理论。它既从厂商的利益出发又兼顾消费者的需求，与4P营销理论相比是一个进步。4R营销理论将原有的营销等式：品牌价值=资产/价格，发展为：品牌价值=（关系+节省+关联+报酬）/价格。从中可以发现，相比以往的营销理论，4R营销理论把品牌的价值从有形的资产扩展到无形的影响上，进而赋予营销更大的意义和空间。简而言之，4R营销理论主张通过构建关系，营造更牢固的品牌认同体系，进而提高企业的营销收益。

---

① 艾略特·艾登伯格. 4R营销[M]. 北京：企业管理出版社，2003.

二、4R营销理论的内涵

4R营销理论是以竞争为导向，在新的层次上构建了营销的新框架，根据市场不断成熟和竞争日趋激烈的形势，着眼于企业与顾客的互动与双赢，在积极地适应顾客需求的同时，主动地创造需求，运用优化和系统的思想去整合营销，通过关联、关系、反应等形式与客户形成独特的关系，把企业与顾客联结在一起，形成新的竞争优势。其总体框架如下图（4R营销理论框架图）所示。

4R营销理论框架图

（一）关系（Relationship）

4R营销理论认为，在企业与客户的关系发生了本质性变化的市场环境中，抢占市场的博弈型关系已转变为与顾客建立长期稳固互赢的关系。根据这种转变，产生了与此相适应的5个转向：从一次性交易转向强调建立长期友好合作关系、从着眼于短期利益转向重视长期利益、从顾客被动适应企业单一销售转向顾客主动参与到生产过程中来、从相互的利益冲突转向共同的和谐发展、从管理营销组合转向管理企业与顾客的互动关系。

（二）节省（Retrenchment）

4R营销理论认为，在相互影响的市场中，对经营者来说最难实现的问题不在于如何控制、制订和实施计划，而在于如何站在顾客的角度及时地倾听和推测商业模式可能带给顾客的节省以及顾客可能的回应。

（三）关联（Relevancy）

4R营销理论认为，企业与顾客是一个命运共同体，建立并发展与顾客之间的长期关系是企业经营的核心理念和最重要的内容。

（四）报酬（Reward）

任何交易与合作关系的巩固和发展，都是经济利益问题。因此，一定的合理回报既是正确处理营销活动中各种矛盾的出发点，也是营销的落脚点。

三、4R营销理论的应用

（一）关系——紧密联系顾客

建立强有力的关系，才能把顾客和企业联结在一起。关系的建立是企业通过某些有效的方式在业务、需求等方面与顾客建立关联，形成一种互助、互求、互需的关系，把顾客与企业联系在一起，减少顾客的流失，以此来提高顾客的忠诚度，赢得长期而稳定的市场。这里既有售前调研、售中服务和售后跟踪，还有态度、尊重、关心和细致等。总之，企业应该认识到：交易不再以单次的交易为核心，而应以建立企业与顾客之间牢固的、强大的关系为核心。在过去，商品卖出去，意味着企业和顾客关系的结束；现在恰恰相反，商品的销售意味着一段新关系的开始。在新的时代，要尽可能地把精力集中在最佳客户身上。企业要认识到建立品牌的关键策略在于企业与顾客之间构筑一种特殊的关系。有效构筑这种关系，有两种策略可供选择，分别是服务和经历。

服务是覆盖了产品销售的全部环节，包括售前、售中和售后，这意味着不仅销售人员要拥有专业的知识、可亲的笑容、周到的接待，售后的接线员、上门服务人员和其他提供协助服务的人员也要拥有同样的意识和服务，更重要的是企业还在不断拓展和丰富服务的内涵，迎合和满足顾客未曾表达乃至不曾意识到的服务。比如，为炎炎夏日里一杯冰爽的饮料提供一个不易打翻的包装。总之，要让企业的服务成为最优质的服务，需要从全环节提升，识别潜在欲望、提供高效的售后服务、保持联系、主动改正、宽容顾客的额外需要，并从中发现新的机会。

　　经历是指企业努力使顾客在交易、使用产品或得到服务时保持一种独特的、令人难以忘记的、愉悦的感受。这种感受的营造要从环境、设施、氛围、印象等方面入手，让顾客通过触觉、视觉、味觉、听觉等多个方面形成独特的经历。建筑的样式、空间的大小、墙壁的颜色、人员的服饰、标语的风格、背景音乐等都是环境的一部分。椅子的摆放、质地，灯光的明暗，卫生间的干净程度等，都能体现设施的品位。氛围和印象就是建立在环境和设施基础之上的，与服务融合成为企业独特的味道，进而让顾客有不一样的体验。

　　（二）节省——提高对市场的反应速度的关键

　　节省不是说得越多越好，而是真正愿意听顾客说什么。多数企业倾向于说给顾客听，却往往忽略了倾听的重要性。在相互渗透、相互影响的市场中，对企业来说最现实的问题不在于如何制订、实施计划和控制，而在于如何及时地倾听顾客的希望、渴望和需求，并及时做出反应来满足顾客的需求。这种调整不仅对双方的时间、精力都是一种节省，也更有利于赢得顾客的信赖，有利于市场的发展。节省的本质就是去接近顾客，而不是诱惑顾客接近企业。技术和便利是节省的核心战略。

　　技术就是采用先进的方法把商品、品牌和服务送到顾客的家里或办公室，原来的方法是采用邮寄的方式，现在可以采用网络的方式，将信息推送给顾客。节省不是为了扩大销售面或提高销售规模，而是把选择权交给顾客，因为他们足够聪明和智慧。把营销从推式营销变为拉式营销。

　　便利就是利用原有的分销体系更好地接近顾客，比如，建立顾客服务中心，统一应答顾客的需求。企业也应该注意到节省策略的弊端，就是可能导致过多的服务在网上完成，造成企业和顾客的疏远。

　　（三）关联——重视与顾客的互动关系

　　4R营销理论认为，如今抢占市场的关键已转变为与顾客建立长期而稳固的关系，把交易转变成一种责任，建立起和顾客的互动关系。沟通是建立这种互动关系的重要手段。只有在真诚的沟通中，才能让顾客有身份的代入感，才能让销售人员有产品的责任感，进而形成更加紧密的联结体。当然，企业不可能指望与所有的人都建立强的联结，而是确保那些对品牌忠诚度高的顾客有强的联结。企业可以通过专业技能和商品来实现这一点。

专业技能是企业所在行业重要思想和信息的来源，也是体现企业地位的重要指标，因此在顾客中树立和保持专业的形象非常重要。专业技能并不需要由销售人员提供，而是作为一种专业知识体系支撑整个服务。比如，将可能遇到的问题逐一列出来，附上专业的回答，放在顾客方便获取的地方。简单的原则就是让顾客迅速地、容易地、快乐地找到他们关心的问题。

商品是指企业根据顾客潜在的欲望延长产品线或拓宽产品覆盖的种类。所有成功的商品都是确保焦点在顾客的视域之内，因为清楚地了解了目标顾客，使产品组合更好地满足了他们的需求。

（四）报酬——营销力量的源泉

由于营销目标必须注重产出，注重企业在营销活动中的回报，所以企业要满足客户需求，为客户提供价值，不能做无用的事情。一方面报酬是维持市场关系的必要条件，另一方面追求报酬是营销发展的动力。营销的最终价值在于其能否给企业带来短期或长期的盈利能力。简而言之，报酬就是酬谢顾客，让他们获得额外的利益，进而强化他们对品牌的忠诚度。企业可以从品位和时间两个方面努力。

品位是指顾客从品牌中获得的快乐和心理上的满足，可能是身份的象征、权利的不同或是显得与众不同。每个群体都有自己独特的品位，企业要认真了解顾客，知道他们在意的到底是什么：是声望、现代、绅士、复杂、简单、浪漫、异国情调，还是低调、简单、含蓄……要把这些元素与商品有机地结合起来，让它们成为企业品牌的一部分。

时间是指顾客获得和使用产品所需要的时间。时间战略的核心是让顾客觉得使用产品的时间是快乐的、值当的、有价值的和有效的。为顾客节省时间，是常用的策略，比如，快餐厅的"让顾客快进快出"、快递服务的"把产品送到顾客面前"、自动售货机的"把商品搬到顾客身旁"等。
让顾客觉得使用产品或服务的时间是快乐的或有价值的经历，是时间战略
的另一种策略，核心就是让顾客怀念而不是后悔时间的投资。比如，把重
要的时刻与场景联系起来，就像很多钻石广告那样巧妙地暗示。

第二节　4R营销理论图书馆应用研究

一、研究概述

在中国知网中，使用"4R"+"图书馆"作为篇名检索词，共检索到
12篇文献（截至2021年8月5日）。经观察分析，其中有1篇文献是研究医
用支架的，因为名称中包含"4R"，属于误检。有4篇文献的4R指的是危
机管理中的4个阶段，分别为缩减（Reduction）、预备（Readiness）、反
应（Response）、恢复（Recover），也属于误检。去掉后，一共有7篇文
献。最早的一篇文章发表于2009年5月15日，刊载在《江西图书馆学刊》
2009年第2期上，题为《图书馆危机管理体系4R模型构建研究》。2021年
还没有文献，最新的一篇文献发表于2020年12月15日，刊载在《河南图
书馆学刊》2020年12期上，题为《公共图书馆全民阅读推广中4R营销策
略的应用分析》。可见使用4R营销理论对图书馆进行分析研究的热度比
较有限。

二、主要研究发现

（一）阅读推广

孙静静[1]使用4R营销理论对公共图书馆全民阅读推广进行了分析研
究。她首先分析了4R营销理论应用于全民阅读推广的可行性和必要性，

---

[1] 孙静静. 公共图书馆全民阅读推广中4R营销策略的应用分析[J]. 河南图书馆学刊，2020，
40（12）：44-46.

认为可行性体现在公共图书馆早在20世纪70年代后期就开始逐步引入市场营销理论，并取得了令人满意的成效。近年来许多地方的公共图书馆开始尝试引入4R营销理论，通过创新推广活动取得了一些成效。而必要性则体现在全民阅读已成为共识和公共图书馆的服务受到竞争对手的冲击。然后采用4R理论对推广要素进行了分析。文章在分析的基础上提出针对内部环境、外部环境、用户群体和反馈交流等方面的营销策略。从体系上看，较为齐全，给出的相关建议也有一定的参考价值，若是能更深入一些，会更理想。

苏艺萍与孙静静[①]的研究方向和方法相似，都是使用4R营销理论对公共图书馆全民阅读推广进行分析研究。文章在分析公共图书馆全民阅读推广中4R营销策略应用优势的基础上，提出了应用方案。其认为优势有两个方面：一是通过4R营销策略在推广活动中的应用，可以督促公共图书馆与读者建立长期、稳定的关系。二是其能为客户提供高价值的回报。在应用方案中，主张从关系、反应、关联、报酬的视角引入新型智慧阅读推广模式，搭建内外部营销策略实施平台，完善分众与互动营销策略实施体系。其主张"沿培育阅读习惯→增强社会理解→强调经世致用→提升智慧修养层次目标，以知识的社会化、社会的知识化为引导，进一步细分群体。从无趣者（缺乏阅读意愿）、障碍者（存在阅读困难）、弱势者（有阅读意愿但不善于阅读）、兴趣者（具有良好阅读兴趣及阅读能力）等方面，分别为其提供引领、帮助、援助服务"，对进一步深化阅读推广具有积极的借鉴意义。

刘怡君[②]也是采用4R营销策略对公共图书馆全民阅读活动进行了分析研究，时间要早于前面二位。其首先回顾了市场营销理念与全民阅读推广的结合情况，其次对市场营销架构下的全民阅读活动要素进行了分析，最后从内部营销、外部营销、分众营销和互动营销等方面提出了自己的营销

---

① 苏艺萍. 公共图书馆全民阅读推广中4R营销策略的应用研究[J]. 兰台内外，2020（10）：73-74.

② 刘怡君. 4R营销策略在公共图书馆全民阅读活动中的应用研究[J]. 四川图书馆学报，2016（06）：48-51.

方案。该文对4R理论的把握较为全面，提出的建议方案具有较高的借鉴价值，若是能分门别类梳理概况，再进行细致分析就更有价值。

（二）数字阅读推广

周向华[1]使用4R营销理论对高校图书馆数字阅读推广进行了研究。他先从四个维度分析了数字阅读，认为关联就是根据读者需求提供专业的数字阅读产品，反应就是为读者的数字阅读提供技术和便利，关系就是将读者培养为图书馆数字阅读的忠实用户，回报就是提高读者满意度和图书馆社会效益。然后，提出了"守正""创新"相统一，精细化开展数字阅读推广；构建数字阅读推广服务生态体系，协同开展数字阅读推广；有效整合数字资源，为读者数字阅读提供便利；提高馆员专业素质，加强智慧化数字阅读服务等具体策略。虽然文章对4R理论精髓的理解还需深入，但其相关策略对高校推广数字阅读具有一定的参考价值，特别是对资源整合和馆员素质提高的建议。

（三）实践营销

王彦[2]等在大数据的视域下采用4R营销理论对高校图书馆的营销进行了研究。他认为，大数据时代下利用4R营销理念提升图书馆服务应该从紧密联系用户、提高对用户的反应速度、重视与用户的互动关系、回报是营销的源泉四个方面努力。认为4R中的回报对于图书馆而言可以用是否能获得长期的、稳定的、广泛的用户群来衡量。对互动营销、整合营销、服务营销三个方面进行了实践总结。从实践的角度来讲具有积极的借鉴意义。

（四）学科馆员

孙杰[3]采用4R营销理论对高校学科馆员服务模式以沈阳理工大学图书馆为例进行了研究。文章也从四个维度进行了分析，认为：不断提高和读者需求之间的相关度，是建立4R服务模式的基础；准确、高效的反应是4R模

---

[1] 周向华. 基于4R营销理论的高校图书馆数字阅读推广[J]. 合肥师范学院学报，2020，38（04）：129-132.

[2] 王彦，毛莉，田文夫. 大数据驱动下的高校图书馆4R营销研究[J]. 农业图书情报学刊，2015，27（10）：69-72.

[3] 孙杰. 基于4R营销理论的高校学科馆员服务模式研究——以沈阳理工大学图书馆为例[J]. 农业图书情报学刊，2014，26（01）：198-201.

式实现的有效保证；建立并发展与读者之间的长期关系，是4R服务模式的核心理念和最重要的内容。对于图书馆来说，其回报一方面表现为读者的满意度，另一方面表现为政府投资的社会效益。最后总结了4R学科馆员服务模式在沈阳理工大学图书馆的应用实践。其实践分为三步：第一步，以提高关联性为目标，根据读者信息需求不同，将读者分为三大群体；第二步，对应三大读者群成立分级学科馆员小组，使学科馆员与用户之间建立良好的关系；第三步，建立快速的反应机制。其对四个维度的认知具有一定新意，可以作为进一步研究的参考。

总体来看，以关系营销为核心的4R营销理论在图书馆界的研究取得了一些进展，但还有广阔的提升空间。主要是因为三点：一是高校图书馆是非营利性组织，是以服务读者为目标的，建立良好的关系更有助于提高服务的品质。二是在新的形势下，高校图书馆面临的挑战是多方面的，既有技术进步带来的变革，也有思想变化带来的冲击，更有认知习惯带来的压力。高校图书馆需要借助不同的理论提升自身的竞争力。三是4R营销理论是对4P理论的进一步发展，有许多独特的精神值得借鉴和参考。

第三节　链接　更好地认识关系

4R营销理论把营销主体关注的要素从4P理论中的产品、价格、渠道和促销转到关联、反应、关系和回报上面，把营销主体的视角从单一的提供者变为提供者、消费者、合作者和影响者。这种转变不仅带来了认知的转变，也带来了策略的转变，因为要素内容不同，角色定位也发生了变化。

一、内部营销策略

内部营销策略的关键在于统合组织成员的认知，使之向着同一个方向发力，避免出现干的干、站的站、看的看，甚至还有掣肘和说风凉话的情况。如果说旁观者不能给予向前的动力的话，那么掣肘和说风凉话的就是在制造障碍和反向作用力。内部营销策略需要在思想认识、组织架构、资源分配等多个方面共同发力，形成立体交叉的有机体系。

（一）思想认识

高校图书馆是非营利机构中的服务部门，从所掌握的资源、权力和提供的服务来看，又处于相对弱势的地位。在4R营销理论看来，内部营销策略需要从重塑服务的价值、更新营销的观念、树立以读者为中心的观念等方面努力。

1. 重塑服务的价值。在不少人看来，图书馆的服务就是借书、还书，没有什么技术含量，认为这种工作只要识字的人稍微培训一下就可以胜任，因此将自己的智慧、才华和热情浪费到这种服务上不仅没有必要。殊不知，这种认识是以管窥豹、一叶障目不见泰山，借书、还书只是图书馆服务的一个环节，就像商品销售的收款和结算一样。有谁会因为收银员工作的简单重复，而否定其在商品流通中的重要意义？在高校图书馆里，有一些馆员的岗位虽然只是某个阅览室的管理员，但他对整个书库的馆藏了如指掌，对各个学科均有涉猎（这就是图书馆学要求本专业的学生要在每个学科都有知识储备的原因），能及时地为迷茫的读者推荐可以阅读的书目，热情地为新生指引馆藏的位置。这样的馆员提供的服务，不仅能影响读者很多年，对其自身价值也是一种实现。重塑图书馆服务的价值就是要让全体图书馆人认识到：知识传递、文化传承才是图书馆的价值所在，文献借阅只是实现这个价值的一种手段而已。图书馆最有价值的不是动辄上百万的藏书和数百种的数据库，而是通过图书馆人的努力传递给读者的求知的线索和态度。图书馆可以安静，因为思考的需要；图书馆也可以喧哗，因为思想碰撞的需要。

2. 更新营销的观念。营销的观念经历了一个从产品（服务）观念到销售观念，再到目标顾客观念的过程。产品（服务）观念认为组织只有提供让公众觉得好的产品（服务）才能获得成功。销售观念认为组织应该说服目标顾客只购买和认同自己提供的产品（服务）而不认同其竞争对手或干脆不买其产品。目标顾客观念认为成功源于组织了解目标市场的想法、需求和需要，并根据恰当的设计、媒介沟通、定价和物流以及切实可行的价值主张来满足目标市场。[①]要扭转传统观念，需要深入地学习、引导、教育，更重要的是要让馆员们意识到转变会带来的收益。

3. 树立以读者为中心的价值观念。转变观念不是目标，只是铺垫，是为树立以读者为中心的价值观念奠定基础。高校图书馆树立以顾客为中心的价值观念，需要不断反思以提高服务的合理性。图书馆的服务种类、流程、范围、内容、时间应该与时俱进，而不是一成不变的。即使以展览文物为主的博物馆，也在不断地突破创新，更何况与信息知识密切相关的图书馆。树立以读者为中心的价值观念，需要不断地将服务的价值传递给目标顾客。服务的价值往往是隐藏的、不易察觉的，是需要识别的，需要馆员们积极地使用通俗生动的语言向目标读者传递，在赢得他们认可的同时，强化馆员的自我认同。树立以读者为中心的价值观念，需要认真地对目标读者进行调研分析。调研分析是了解目标读者最有效的方法。只有进行调研，才能分析读者的兴趣、爱好、活动规律、使用习惯等，进而做出更精准的方案。过刊在图书馆看来是鸡肋的存在，但在青年志愿者协会看来却是争取爱心捐赠绝佳的纪念品。事实证明，原本2000多本无人问津的过刊，在青年志愿者协会的吆喝下，竟然1小时不到就被认购一空。读者的心理只有走近了，才能真正了解。树立以读者为中心的价值观念需要营销是全方位全流程的，不是简单的促销。那种认为营销就是宣传部门或者读者服务部门的想法不仅过时，而且有害。图书馆的每一个人、每一个业务部门都是营销的重要一环，都肩负着营销的责任，应该思考自己介入的维度和方法。树立以读者为中心的价值观念需要认识到不同的策略适用于不同的群体。读者的喜欢、认知是有差别的，对于不同的人群就要采用不同的方法。例如，小清新适合年轻人，而未必讨年长的人喜欢；技术流讨工科人喜欢，未必对文科人的胃口。要注意差别化的宣传策略。树立以读者为中心的价值观念需要正视竞争是客观存在的。高校图书馆的竞争对手是客观存在的，不能假装看不到或认为他们不存在。只有正视对手，理解他

---

① （美）安德里亚森，（美）科特勒. 战略营销：非营利组织的视角[M]. 王方华，周洁如，译. 北京：机械工业出版社. 2003：30.

们的逻辑和策略，才能找出有效的应对之道。

（二）组织架构

思想认识到位了，还需要合理的组织架构，才能保证将认识落到实处。高校图书馆内部一般是按照业务部门进行设置的，多设有流通部、采编部、信息技术部、读者服务部等业务科室。其好处是便于业务集中，有助于提高工作效率。其弊端是导致彼此以邻为壑，造成信息人为割裂；程序繁多，个体主动性和创造力下降，导致工作碎片化，对竞争和改变缺乏敏感性。因此，高校图书馆可以考虑采用项目化的方式整合科室力量，针对纸质文献、数字文献、咨询培训、环境设计等项目设置不同的项目组。

1. 纸质文献借阅提升项目组。可以抽调流通部、采编部、读者服务部的人员设置该项目组，从调查分析读者的特征需求、文献采购、宣传内容和宣传项目等多个方面研究纸质文献借阅提升改进的方法。因为是跨科室的设置，便于读者的需求信息第一时间得到传递和满足，同时可以加强不同科室之间的沟通和联系。

2. 数字文献借阅提升项目组。可以抽调采编部、信息技术部和读者服务部的人员设置该项目组。在调查分析读者的使用偏好、平台依赖和认知习惯的基础上，制定资源整合、宣传推广、专题讲座、激励引导等方面的内容。

3. 咨询培训拓展项目组。可以抽调信息技术部、读者服务部的人员设置该项目组。在调查分析读者需要的基础上，确定培训重点、培训方式、培训地点、培训策略和评价方式等方面的内容，进行有针对性的改进。

4. 环境设计项目组。可以抽调读者服务部、流通部和信息技术部的人员设置该项目组。在调查分析流行趋势的基础上，结合读者的需求和特点，从布局改造、颜色选配、功能定位、座椅搭配、空间大小等多个方面进行立体设计，以求用差异、新颖、时尚为图书馆打造出一些亮眼的空间区域，改变读者心目中图书馆一成不变的印象，吸引更多的人走进图书馆，亲近阅读。

项目化的原则就是动态性、竞争性和任务性，打破部门隔阂，激发团队活力，提升竞争意识和服务品质。

（三）资源分配

资源分配是确保巩固思想认知和保障组织架构顺利运行的关键。没有具体的资源支撑，即使思想认识和组织架构设计得再好，也只能是昙花一现，难以长期维序。资源分配主要包括经费预算、考核倾斜、晋升评优、补贴调休等。

1. 经费预算。经费预算要根据项目化的特点，设置项目经费，可以将文献采购费、活动宣传费、人员补贴费、交通补助费等内容都纳入其中，逐步打破传统的以文献类型大块划拨经费的情况，要逐步改变以文献采购费为主体的情况，重视营销宣传、激励推动、环境改造等方面的费用。

2. 考核倾斜。考核倾斜要逐步打破以往按部门人数划分优秀比例、轮流坐庄的情况，可以考虑采用积分制的方法进行考核评价。项目可以是积分的主要来源，加大可量化和数据化的内容，激发整体活力。

3. 晋升评优。职称晋升和职位晋升要充分考虑项目化积分的占比，对于不达标的人员可以考虑一票否决制。项目化积分应成为评先评优的重要条件。

4. 补贴调休。补贴的发放要坚持多劳多得、优劳多得的原则，严格控制普惠式的补贴发放。对于项目成果显著的成员可以在补贴和调休等方面给予倾斜。

二、外部营销策略

外部营销策略是统合外部资源，营造有利于高校图书馆成长和服务推广的外部生态体系，包括影响高层、争取中层和渗透师生三个不同层面的策略。

（一）影响高层

高校图书馆要积极地影响高层，让他们把图书馆的发展和成长纳入他们的视野中去，意识到图书馆在教师队伍成长、学生培养稳定和校园文化建设中的重要作用，要积极作为，持续发力，避免"等""靠""要"，更不能"拖""躲""缓"，要在总结汇报上有章法，在关键节点上有声音，在核心指标上出成绩，在宣传推广上有节奏。

1. 在总结汇报上有章法。高校图书馆的负责人要主动向学校高层汇报图书馆动态，要专题汇报和迂回汇报相结合。对于图书馆的成绩要讲明讲透，队伍建设和人才引进要积极争取。更重要的是图书馆要关心高层研究和关注的领域，定期和主动地提出文献综述材料和前沿动态，要积极提供定题服务，力争成为他们用得上乃至靠得住的外脑和智库。

2. 在关键节点上有声音。高校图书馆要充分利用学校评建、评估、高质量发展的机遇，发出自己的声音，彰显自己的价值，争取学校更多更大的资源投入和人力支持。特别是要将"以评促建、以评促管、评建结合、重在建设"的精神理解到位，把握建设的机遇期，在确保硬性条件达标的情况下，上马一些精品工程，为高校图书馆的高质量发展积蓄更大的力量。

3. 在核心指标上出成绩。对决策者而言，有为才有位，有为才能进入他们的视野。高校图书馆一定要在核心指标上做出成绩，突显自己的价值和意义。高校图书馆的核心指标有四个：文献利用率、馆舍利用率、服务覆盖率、读者满意率。其中，文献利用率根据载体形态，还可以细分为纸质图书利用率、纸质报刊利用率、电子图书访问量、电子期刊访问量和其他电子资源访问量。当然，根据文献内容和性质也有其他划分方法。馆舍利用率可以根据时间、空间、功能等进行划分，可以有阅览室利用率、讨论室利用率、会议室利用率等。服务覆盖率可以根据服务的项目划分出不同的结果。细分的目的是结合服务对象更立体、更形象地向决策者们展示图书馆的价值，给他们留下较为深刻的印象，所以要有对比分析，要有现状描述，要有同行比较，要有未来预测，要有作用陈述和分析。特别要将决策者们关心的指标详细列出，生动展现，立体反映。

4. 在宣传推广上有节奏。高校图书馆要把握宣传的节奏，善于借势，顺势而为，要远比逆流而上效果好。开学季、毕业季、各大节日，就是推送信息的关键时刻，高校图书馆一定要抓住机遇，将需要推送的内容融入其中，在祝福、回忆中赢得广泛关注。像读者节开幕式、毕业季读书寄语、开学季新生读书寄语等，一定不要忘记邀请他们贡献智慧。

（二）争取中层

高校图书馆与二级学院、业务部门的竞争关系比较弱，特别是二级学院。对于二级学院，高校图书馆更多的贡献是支援力量，但他们往往意识不到这一点，高校图书馆要向他们展示这一点。高校图书馆要摒弃这种静待君来的被动服务的认识，与他们的中层领导积极交流，争取更多的认同。具体可以从构建共同体、打造新项目、突出新价值等方面展开。

1. 构建共同体。高校图书馆要积极向兄弟部门的领导，特别是二级学院的负责人宣传图书馆的潜在价值，让他们意识到和图书馆合作，不仅能够向学校展示他们注重教风、学风建设的正确态度，还能帮助他们营造崇尚知识、积极学习的良好氛围，更重要的是当更多的学生投身阅读后，其他影响稳定的因素也会减少。正所谓无事生非，人闲了，容易惹是生非，充满活力的年轻人更是如此。高校图书馆要积极地与兄弟单位构建荣辱与共的共同体，在互惠互利中共同成长。

2. 打造新项目。和兄弟单位拥有共同的认识，只是第一步。要把共同的认识落到实处，离不开项目的支撑。高校图书馆要认真分析不同兄弟单位的特点，设计一些可供他们选择的项目，在认同的基础上共同建设。比如，对于艺术学院，可以将图书馆部分区域的环境改造设计与学生的实习、实践，乃至毕业设计结合起来，让学生在体验中学习、在学习中感悟。高校图书馆可以提供专门的场所展示优秀作品，并以一定的形式长期保存，提高学生参与的积极性。对于商学院，可以将图书的营销推广和学生的营销实践结合起来，让学生们思考图书阅读营销方案，用所学的知识解决实际问题。

3. 突出新价值。通过不同的项目合作，在密切与兄弟单位关系的同时，赋予利用高校图书馆新的价值，很有可能打造出人才培养新的模式，为学生成长、培养、教育贡献更多的方案。同样，在教师群体（特别是青年教师）中，也可以寻找出新的认知契合点，创造出新的价值。这些价值的实现，反过来又可以成为兄弟单位改革创新的业绩，真正地实现多赢共生。

（三）渗透师生

师生是高校图书馆服务的主体。高校图书馆要认识这个群体中的差异性、可塑性和从众性，从培育骨干力量、借助情感因素、发挥媒介作用等方面不断渗透，赢得更多忠实的支持者。

1. 培育骨干力量。高校图书馆要认识到自己力量的有限，更要认识到读者力量的强大，只有把自己有限的力量和智慧融入读者磅礴的力量之中，才能激发出更多更意想不到的奇迹。高校图书馆要充分挖掘读者中那些喜欢文学、摄影摄像，热爱图书馆又乐于奉献的人，给予他们一定的荣誉、权利或报酬，就可以激发出他们潜在的力量。文学社、青年志愿者协会、读书社、阅读者协会等，都可以成为高校图书馆集聚力量的平台，关键是要做好制度和组织设计，让这些平台真正地发挥出应有的效果。

2. 借助情感因素。高校图书馆要克服符号化的倾向，不要让人觉得图书馆就是一栋楼、一个有很多书的地方，而是让更多的人觉得图书馆是一个有温情、有感觉、有故事的生命体。高校图书馆可以通过一些设计让读者觉得自己很有人情味，可以设计一些拟人化的玩偶，将冷冰冰的建筑具象化。可以在恰当的时候为考研考公的学生送上特别的祝福，为毕业生送上记录有其阅读足迹的礼物，等等。

3. 发挥媒介作用。万事万物都处于联系之中，媒介就是强化这种联系的。高校图书馆要善于利用媒介的力量，强化和读者之间的联系，让自己更丰满、更强大。高校图书馆要善于利用新媒体、新形式、新语境去吸引更多的新人类，要主动认识和关注他们的差异，做出有针对性的宣传，尤其是要在他们喜欢聚集的平台发出自己的声音。获得读者认同最好的方式，就是走到他们中间，用他们熟悉的表达方式说事。

三、分众营销策略

分众营销是指经过扎实的市场调研，在市场细分的基础上，瞄准特定的读者群体，推出他们最需要的细分服务，通过特定渠道，运用特定传播促销手段而进行的精准化营销策略。在信息技术和公众文化意识不断崛起的今天，读者群体的差异性和个性化日渐突显，加之各类文化机构也纷纷推出了差异化的产品，高校图书馆面临的竞争日趋激烈。因此，高校图书馆必须展现出自身的优势和特色，去赢取更多读者的支持和信赖，提高图书馆的利用率和读者的满意度。高校图书馆可以从差异化服务、多模式合作、多元化营销等方面进行努力。

（一）差异化服务

高校图书馆要重视读者调研工作。这是细致了解读者动态和爱好最有利的工具。调研可以采取座谈、问卷、投票、个别访谈等多种形式。目的就是了解读者最真实、最新的想法和需求。然后根据这些需求，开发差异化产品，满足不同人群的需要。比如，正在做毕业论文的读者需要什么？正在谈恋爱的读者需要什么？性格内向、人际交往有困难的读者需要什么？考研考公的读者的需求一样吗？准备技能竞赛的读者会不会有特别的需要？老师们在科研中有什么特别的需要？乃至周边社区对高校图书馆的需求如何？等等。在调研的基础上，高校图书馆会发现：自己现有的服务种类是多么单一，读者的需求市场是多么庞大和旺盛。

（二）多模式合作

高校图书馆可以根据合作方不同的特点、不同的诉求，采用不同的合作模式，如资源共享、平台协作、品牌共建、协同联动等方式。对于使用者较为小众的数字资源供应商也并非要一买了之，或者一拒了之，而要采用协作共赢的模式。高校图书馆可以作为宣传方和推广方，冲抵一部分资源使用费，因为节省了数字资源商的宣传和推广费。数字资源商可以作为资源供应商，在读者使用时，降低收费标准，采取薄利多销的方式。这样一来，既保障了小众读者享受服务的权益，又没有增长高校图书馆额外的经费负担。对于一些共享设备供应商也可以采取这种模式。高校图书馆提供场地、电力、网络，负责使用推广，但图书馆省去了设备购置、维护和升级的费用。设备供应商提供设备和日常维护，但省去了推广和场地租赁费。在二者各取所需的同时，丰富了服务读者的项目。特别是类似共享存包柜、共享打印复印机等高校图书馆需求较高的服务可以积极探索这种模式。

（三）多元化营销

高校图书馆无论是争取学校政策和经费上的支持，还是争取师生心理上的接受和认可，都需要采取多元化的营销策略。这种多元化一是体现在宣传载体的多元化上。比如，要充分利用微信公众号等新媒体平台，也要充分发挥网站、QQ群、微信群等人员较为集中的平台，还要积极挖掘橱窗、横幅、展板、海报、报纸、书刊、座谈会等传统媒介的作用。二是体现在内容表现形式的多元化上。比如，可以有正规的文件表述，可以有风趣的推文传播，可以有视觉冲击力较强的海报展示，可以有画面感较强的视频描述，也可以通过快闪、舞蹈等青年人喜闻乐见的方式呈现。三是体现在服务项目的设计上。比如，可以有传统的借阅服务、读书沙龙，可以有古韵悠悠的汉服秀，可以有情景代入的话剧演绎，可以有硬货满满的技术讲座。多元体现的不仅是理念，更是一种尝试和突破，要让更多的读者感到高校图书馆不断创新的勇气和努力。

四、互动营销策略

互动营销策略的目的是高校图书馆通过精准而高效的良性互动，与读者建立长期而稳固的关系。在大数据时代，高校图书馆的互动营销要向着多维立体模式发展，让活动效果评估更及时，反馈机制更有效率。高校图书馆的互动策略可以从全程互动、全面评价、及时反馈等维度不断努力。

（一）全程互动

在信息技术高度发展的今天，高校图书馆的活动和服务可以开启全程互动模式，提高读者的参与度，增强图书馆自身的感知力。比如，图书采访工作原本是采编部门的事情，不仅压力大，而且常常出力不讨好。可以向读者开放新书荐购权，采访人员只要根据馆藏规则进行复审即可。当然，为了提高荐购读者的积极性，可以根据他们荐购的数量和后期借阅量，由系统自动赋分，计入他们的阅读积分中。借阅图书的读者也可以根据阅读情况对图书进行打分评价。还可以根据荐购量和借阅量等情况发布排行榜，供其他读者参考。对于数字资源的评价，也可以采取浏览量和读者评价相结合的方式，评估数字资源的性价比。在活动组织上，可以在创意萌发、活动策划、活动组织、活动总结等多个环节听取、借鉴和吸纳读者的意见，以提升活动的质量和参与度。

（二）全面评价

高校图书馆要善于利用大数据，对服务、活动进行全面监控，深度分析，找出规律性的、差异性的发现，以指导具体的实践。以到馆数据为例：高校图书馆有多年数据的积累，可以很容易统计出到馆的峰值和波谷、对这些峰值和波谷进行深入分析，可能会有意外的发现。高校图书馆一方面可以思考削峰填谷的策略，另一方面可以考虑资源的配置和宣传的重点。以数字资源使用为例：高校图书馆能否和供应方合作，提供差异化的算法，把读者最关心的文献和资源主动地推送到他们面前，就像我们平时浏览新闻时应用程序所做的智能推送一样。

（三）及时反馈

高校图书馆赢取读者忠诚度的另一个关键是及时对读者的咨询做出反馈，因为现在是一个在线的时代。这种反馈可以分为两类，一类是基于一定策略的机器应答。机器应答的效率取决于前期对常见问题的梳理和总结，每一类问题都会基于几个关键字激发。优点是：效率高，节省人力。缺点是：有可能答非所问，给人不好的感觉，特别是同一问题千篇一律的回答，更会给人产生不亲切的感觉。可以对同一问题设置几种不同方式的应答。另一类是人工回答。这个需要值班的人员有较高的责任心，拥有较为广博的知识，对图书馆的相关业务较为熟练，具有较强的沟通能力。优点是：容易得到读者认同，解决问题效率比较高。缺点是：回复可能不及时，需要占用较多的人力。可以组建责任心较强的学生志愿者团队，或者组建精品阅读的微信群和QQ群，通过群内互助的方式，弥补人力的不足。

第七章　更好地利用资源
——网络整合营销理论及启示

第一节　网络整合营销理论概述

一、网络整合营销理论的实质

整合营销理论产生和流行于20世纪90年代，由美国西北大学市场营销学教授唐·舒尔茨（Don Schultz）提出。整合营销主张根据企业的目标设计战略，并支配企业各种资源以达到战略目标。网络整合营销是整合营销理论在传媒营销领域的发展，伴随着我国大众传媒和互联网经济的发展而日渐成熟。特别是，我国当代大众传媒呈现出从"以传播者为中心"到"以受众为中心"传播模式的转变，以整合营销理论为基础的网络整合营销理论得到了快速的发展和实践。也有人将网络整合营销简称为4I整合营销理论。其实，4I整合营销理论只是网络整合营销理论中的4个原则，即趣味原则（Interesting）、利益原则（Interests）、互动原则（Interaction）、个性原则（Individuality）。只不过这四个原则有力地突显了网络整合营销的精髓，才让人以为4I整合营销就是网络整合营销的全部。其实，网络整合营销不仅有原则，更有策略；不仅有洞见，更有方法。简而言之，网络整合营销是对传统营销思维的发展和颠覆，是依托互联网和新媒体进行的一场面向所有人、随时随地、在线式的互动营销。其实质就是在线、互动、精准。

二、网络整合营销理论的内涵

（一）网络整合营销理论的概念

网络整合营销理论又称"E-IMC"，是为了建立、维护、传播品牌，加强用户关系，对品牌进行的一系列计划、实施、监督等营销工作，依托网络将原本相对独立的广告、销售、包装、事件、服务等营销个体整合成一个完整的整体。[①]也有人认为，网络整合营销就是以品牌策略为导向，以创意为核心，线上线下相结合，在消费者的每一个接触点进行品牌传播，形成多维度的跨媒体营销传播体系，通过营销传播活动网站聚合传播效果和深度演绎品牌内涵。[②]两种看法虽然有差异，但整合资源和依赖网络是它们的共性。

（二）网络整合营销理论中的4I原则

根据网络整合营销原则的观点，网络营销应该从兴趣、利益、交互、个性四个方面去策划设计，整合资源，扩大影响。

1. 趣味原则（Interesting）

趣味原则是指提高营销活动的趣味性，增加用户参与营销活动的欲望和动机。在注意力稀缺的全媒体时代，谁抓住了顾客的眼球，谁就有可能赢得顾客的关注，进而赢得他们的信任和消费投入。在这种情况下，营销活动必须增加趣味性，才能赢得顾客的注意力。想要提高营销活动的趣味性，可以从视觉的趣味性和参与的趣味性两个方面努力。

（1）视觉的趣味性。视觉的趣味性就是通过在营销文案中使用趣味化的词句，引起顾客的关注。文案是营销活动组织的起点。相比教条式的、呆板的、一本正经的文案，轻松有趣的文案更能赢得顾客的关注和认同，因为顾客是来发现亮点、享受服务的，不是来聆听教诲的。轻松有趣的文案更容易让顾客放下戒备，走近产品（服务）。相比文字而言，图形在传播中更直接，更具视觉冲击力。采用美观趣味的营销图片，更有利于提高活动对用户的吸引力。

---

① 鲜军，陈兰英. 网络整合营销：从入门到精通（微课版）[M]. 北京：人民邮电出版社，2019：47-48.

② 曹芳华. 聚合营销：网络整合营销传播[M]. 北京：人民邮电出版社. 2010：44.

（2）参与的趣味性。参与的趣味性是指将游戏思维和游戏机制注入营销活动中，用以增加用户的黏合度和提高互动性，在游戏中了解顾客的倾向。提高参与的趣味性可以强化企业与顾客关系，增加顾客的黏合度、满意度与忠诚度。在社交媒体环境下，通过增加参与的趣味性，将其游戏化是激发顾客兴趣、提高顾客参与度的有效途径。

2. 利益原则（Interests）

以打折、促销、返券等形式激励用户是企业最常采用的营销手段，这类手段都遵循利益原则。在营销活动中，给用户提供的利益主要包括经济上的利益和心理上的利益。经济上的利益是指通过返现、抵现、打折等方式减少用户在交易过程中的花费；心理上的利益是用勋章、等级、称号等方式满足用户"炫耀"的心理需求。总之，就是要让用户能从营销活动中感受到"收益"。[①]

3. 互动原则（Interaction）

互动是社交媒体时代网络营销最显著的特征，也是网络营销区别于传统营销的关键，更是网络营销最具生命力的优势。互动能够加强顾客对品牌的了解程度，消除顾客对品牌的疑问，增加顾客的忠诚度，是有效的营销手段之一。网络营销活动的互动原则包括用户间的互动以及用户与平台间的互动。这里的用户不单单是指购买产品（服务）的顾客，而是所有网民，因为在新型社交媒体中，一条信息理论上可以传播到每一位网民。用户间的互动是指用户在社交媒体平台中参与和营销活动相关的一切沟通交流。这种互动能够帮助企业形成口碑传播。企业可以通过设置话题、建立社区等多种方式引导用户之间进行互动。用户与平台间的互动指的是用户与电商企业之间的互动。这种互动能够缩短消费者与产品的距离感，主要有SCRM（社交媒体客户服务）、社交媒体营销活动等。

4. 个性原则（Individuality）

个性原则强调在观念上充分关注每个顾客独一无二的个性，并以大数

---

① 杨元龙. 4I营销原则在网络营销活动中的应用——以O2O电商为例[J]. 今传媒，2014（10）.

据和人工智能等新兴网络技术为支撑，识别每位顾客的个性化需要，并做出相应的营销反应。由此可见，个性化包括两个环节：一是识别个性化需求，二是营销反应。对企业来说，个性化体现在目标顾客的个性化筛选和个性化的用户体验上。

在目标顾客的个性化筛选方面，企业可以使用数据挖掘技术，对顾客的购买行为、地域信息、消费特征等数据进行分析，将顾客分众化，并针对不同顾客制定不同的营销方案。在最终顾客体验方面，可以根据顾客特征，显示个性化的内容，让顾客感觉到体贴的个性化服务。总体来说，不管是个性化筛选，还是个性化体验，其目的都是满足顾客的个性化需求，提高营销转化率，让营销有的放矢。

（三）网络整合营销常见的模式

1. FEA网络整合营销模式。FEA是话题（Focus）、事件（Event）、活动（Activity）3个英文单词的首字母组合，也可以称之为话题—事件—活动营销。FEA网络整合营销模式是通过对多个话题、事件、主题活动的创意性设计与策划，再灵活运用传统媒体、网络媒体、社交平台、行业网站、博客、论坛、电子邮件、短信、搜索引擎、电子商务平台、视频等营销平台和传播载体，构建而成的整合营销传播体系。FEA网络整合营销模式的优点是：既能发挥传统经典营销方式的积极作用，又能通过互联网和新媒体平台引发病毒式传播，实现快速、广泛的口碑传播。

2. FEAVA网络整合营销模式。FEAVA是话题（Focus）、事件（Event）、活动（Activity）、视频（Video）、动漫（Animation）5个单词的首字母组合。FEAVA网络整合营销模式是通过理论总结、实践检验及市场反馈而总结出的快消品网络整合营销方法论。它运用多种话题、事件、活动的组合，依托多种互联网传播平台与渠道，借助文字、图片、声音、动画、视频等形式进行多样化的内容创造、互动和传播。FEAVA网络整合营销模式的优点是：可以使产品或品牌信息更广泛地覆盖目标用户，加深品牌和产品在目标用户群体心中的印象，诱发目标用户群体对品牌产生信任、兴趣和购买意向，最终构成购买行为。

3. 话题网络整合营销模式。话题网络整合营销模式中的话题主要包括新闻话题、微博话题等。新闻话题以新闻媒体为传播主题，运用新颖的立意和角度，通过大媒体的深度报道形成热门话题，与推广信息结合进行推广。微博话题以用户的分享讨论为主，通过粉丝数量较多的一个或多个微博形成热门话题，带动微博用户的关注讨论，潜移默化地实现传播。此外，还可以结合传统的电视媒体形成热门话题，再将传统媒体引起的话题引入新媒体平台，形成进一步的传播。

4. 其他网络整合营销模式。常见的其他网络整合营销模式，还有基于官微等微博的FM网络整合营销模式、基于视频的FV网络整合营销模式、基于漫画的FA网络整合营销模式。[①]

三、网络整合营销理论的应用

（一）理解网络营销的思维

互联网和新媒体的诞生和发展不断改变着人们搜集信息、获取信息的方式，也影响着人们认识事物的思维，改变了人们的购物方式，也为企业提供了新的营销渠道。企业利用好这个渠道，就要了解其背后的思维方式。网络营销的思维主要体现在线上运营思维、免费思维、用户思维、品质思维、品牌思维、社会化思维、大数据思维等。

1. 线上运营思维。线上运营思维是指涉及产品宣传、销售和售后的很多环节是在线上完成的。其有着更好地满足顾客要求、简化购物流程、提供个性化服务和体验、降低运营成本等多方面的优势。

2. 免费思维。互联网缩短了人与人之间的距离，也大大降低了人们信息交流和沟通的成本，更重要的是其凭借低至免费的营销模式能在短时间内会聚大量用户的参与，实现顾客和企业的双赢。免费是相对于用户而言，指用户拥有免费的信息获取和产品体验的权利，但最终是为了收费。一般会有四种免费模式：即先免费消费，再付费消费；间接收费；交叉免

---

① 鲜军，陈兰英. 网络整合营销：从入门到精通（微课版）[M]. 北京：人民邮电出版社，2019：52-54.

费；暂时免费。

3. 用户思维。用户思维是指企业在开发、研制、营销任何一款产品或服务时，都应该以用户为核心。以用户为核心，体现在要从用户心理、特征、需求等方面宣传用户的共同点、卖点和痛点，制定出对应的策略，以提高营销效率。

4. 品质思维。在互联网经济背景下，只有把产品、服务和用户体验做到极致，逾越用户预期，企业才能保持恒久的竞争力。用户对品牌、产品的认知，取决于品牌和产品能否符合他们的消费观念。企业要不断提高产品、品牌的价值和内涵，向精细化的方向发展。

5. 品牌思维。品牌是企业的无形资产，也是产品的附加价值。企业要善于维持品牌的知名度、美誉度和影响力，使之成为企业保持长期竞争力的力量来源。在信息爆炸的环境下，品牌的宣传越真实、越新颖、越个性、越有创意，增值的空间就越大。

6. 社会化思维。社会化思维是指企业要善于利用社会化媒体与用户沟通和交流，再通过社会化媒体不断扩大市场的推广范围。通过社会化媒体，企业可以实现产品和用户的链接，促进产品在用户的社交圈传播，实现产品和品牌的裂变式传播。

7. 大数据思维。大数据思维是指企业要善于借助互联网和大数据的优势，实现对个性化用户的精准营销。通过用户使用网络所产生的信息、行为和关系等，分析市场的走向，预测个体用户的消费倾向，进行有针对性的营销。

（二）了解网络营销的平台

根据平台出现和崛起的时间早晚和内在的逻辑差异，可以将网络营销平台分为传统网络营销媒体和新营销媒体。

1. 传统网络营销媒体。传统网络营销媒体主要包括搜索引擎营销、电子邮件营销、论坛营销、博客营销、IM（即时通信工具）营销等。这些营销模式是企业在网络营销前期较为常用的模式，现在还拥有较为广阔的市场。传统网络营销媒体之所以依旧拥有较大的市场，是因为他们与人们的日常生活密切相关，乃至成为生活的一部分。比如，搜索引擎中的百度等都是人们搜索信息习惯使用的平台。QQ等IM（即时通信工具）营销工具更是人们工作和交流的重要工具。

2. 新营销媒体。新营销媒体主要包括微信、微博、社群、视频、直播、应用程序和二维码等。不同的新营销媒体有着不同的特点。微信界面简洁、操作方便、渗透率高、覆盖面广，拥有大量的活跃用户，加之其点对点的营销模式、灵活多样的营销形式和较强的用户黏性，为营销活动的开展奠定了扎实的基础。微博具有平民化、个性化、生活化的特点，让它得以在广大普通用户群体中流行，成为不少网络用户获取信息和分享信息的渠道。其庞大的用户基础为营销者提供了较大的营销空间。社群营销是一种随网络社区和社会化媒体发展起来的、基于圈子的营销模式，能够将有共同兴趣爱好的人聚集起来，打造成一个共同兴趣圈并促成最终的消费。视频营销是以视频为主体，以内容为核心，以创意为导向，通过精细策划进行营销的方式。电视广告、网络视频、宣传片和微电影等都是视频营销常用的形式。视频直播具有实时互动、快速构建情感共鸣、更容易彰显场景的表现力等特点，受到越来越多企业的重视和欢迎。应用程序具有使用方便、操作简单、扩展功能、实用性较强等特点，并可以结合图片、文字、音频、视频、游戏等方式展现品牌和产品信息，是企业与用户互动的有利工具。二维码具有成本低、应用广泛、可塑性强、操作简单、易于推广等特点，是网络营销优秀载体之一。

（三）做好网络整合营销策略的制定

网络整合营销是将企业可以利用的网络营销资源深度整合，不断对营销的方式、渠道、思维进行优化，充分发挥其潜在力量，充分调动一切有利因素，以实现企业的营销目标。制定相应的策略，就需要在整合营销层次、整合操作思路、整合推广策略等方面努力。

1. 整合营销层次。营销层次大致可以分为水平整合和垂直整合两个部分。水平整合主要是指从传播的角度出发，对信息内容、传播工具、传播资源进行整合。信息内容整合的关键在于确保信息的一致性和统一性，以方便受众接受、理解和记忆。传播工具整合重点在于衡量不同工具间的效果和成本，找到最合适、最有效的工具组合。传播资源组合重在分析和整合与信息传播相关的人力、物力和财力，保障信息能及时地传递给用户，触达用户，影响用户。垂直整合主要是对市场定位、传播目标、产品和品牌形象进行整合。市场定位整合是指在市场细分的基础上，对市场进行准确的评估和定位，使企业的网络营销活动符合自身的定位。传播目标整合是指通过营销需要的效果、获得的知名度、想要传递的信息等的整合，实现传播的目标。产品整合是指通过设计统一的形象，使产品、价格、渠道、促销等的需要与市场地位和传播目标相匹配，成为有机联系的整体。品牌形象整合是指对品牌识别、传播媒体的整合。品牌识别包括名称、标志、颜色等基本要素，要确保基本要素在传播的过程中不走样、不异化。

2. 整合操作思路。企业在策划长期的网络整合营销方案时，必须以用户为导向，围绕用户理顺整合营销的思路，关键要理清媒体选择、用户注意力引导和用户关系维护三个方面的思路。在媒体选择上要理解接触点告知媒体（如报纸、杂志、电视、广播、网络广告等传统媒体和构建于网络的微博、微信等新媒体）和深度信息演绎媒体（如专门的营销平台、架构于门户网站的活动聚合平台等）的区别，根据不同的需要、不同的阶段，选择不同的媒体平台。在用户注意力引导上，重点做好有效覆盖、有效传达、有效关注三个方面的事情。覆盖是前提，传达是关键，关注是目的。在用户关系维护上，需要从传播互动、社会化互动和品牌互动等方面入手，形成多维度的互动关系。

3. 整合推广策略。信息传播方式的多元化、信息获取的碎片化、信息需要的个性化不断推动着网络营销方式的发展和演变，更提醒着企业要不断加强对推广策略的整合，进而提高营销的效率和效果。推广策略的整合可以围绕事件整合、社会化媒体整合、资源合作整合和体验整合展开。事件营销具有传播范围广、营销人数多、传播成本低等特点。企业要善于抓住或制造核心事件。在核心事件的基础上，将相关的营销主体统合起来，进而形成事件矩阵。社会化媒体整合是指利用社会化媒体来实现信息的覆盖和传播，通过人们之间的交流、分享、传播，扩大企业产品和品牌的影响力。资源合作整合是指与其他品牌建立合作关系，通过对双方资源的整合利用，实现网络整合营销传播。体验整合是指利用体验营销进行的整合，是一种培养顾客信任度的有效营销方式。

第二节　网络整合营销理论图书馆应用研究

一、研究概述

在中国知网中，分别使用"4I"+"图书馆""整合营销"+"图书馆"作为篇名检索词，共检索到22篇文献（截至2021年8月21日）。阅读分析后发现，有一篇文献是研究C4I系统的，估计是转码问题，将上标"4"和后面的"I"作为相符的检索点，造成了误检。去掉后，有21篇文献符合检索要求。最早的一篇文章发表于2007年9月30日，刊载在《情报理论与实践》2007年第5期上，题为《基于整合营销理念的图书馆参考咨询服务策略的思考》。2021年有2篇文献，最新的一篇文献发表于2021年6月30日，是黑龙江大学颜俪娟的硕士论文，题为《基于4I理论的重庆市区县图书馆运营策略研究》。这些文献多以4I的视角或整合营销的视角切入，系统运用网络整合营销视角的研究文献较为有限。在信息技术迅速发展的今天，积极借用网络整合营销的理论分析高校图书馆的工作具有积极的意义。换句话说，类似的研究具有较大的研究价值。

二、主要研究发现

（一）参考咨询服务

阎秋娟和韩海涛[①]采用整合营销理论对图书馆参考咨询服务的策略进行了研究。文章回顾了整合营销理念的来源，分析了图书馆参考咨询服务采用整合营销理论的必要性，认为必要性主要体现在社会环境给图书馆参考咨询服务带来的压力和图书馆参考咨询服务自身提高服务效率的要求两个

---

① 阎秋娟，韩海涛. 基于整合营销理念的图书馆参考咨询服务策略的思考[J]. 情报理论与实践，2007（05）：634-637.

方面。然后从用户导向策略、产品品牌策略、成本策略、行销策略和关系营销策略五个方面进行了分析，并给出了相关策略建议。在产品品牌策略中详细阐述了图书馆参考咨询服务的产品定位策略和品牌服务策略。认为图书馆参考咨询服务的产品定位策略是在细致研究用户群体的基础之上，针对特定的用户需求在馆藏文献资源、人力、物资、技术等条件允许范围内提供差异化和个性化的服务。图书馆参考咨询的品牌服务就是要把用户的需求置于最高境地，即"用户第一""读者至上"，根据用户的需求对文献信息进行深入加工，充分揭示其隐含、分散、动态的信息，实现信息的增值，提高产品质量，然后再为用户提供如个性化咨询服务，开展特定选题服务、学术资料专指服务和学术资料咨询服务等。作为较早使用整合营销对图书馆专门业务进行研究的文章，该文献具有积极的意义，将产品定位和品牌服务运用到具体的分析中也具有一定的参考价值。若文章能够借助整合营销在对资源的整合上多一些分析，会更有意义。

杨之音和赵闯[1]使用整合营销理论对图书馆参考咨询服务进行了研究。文章在回顾整合营销理论的基础上，指出整合营销理论有三个特点，即以消费者为导向、统一的传播风格和循环沟通。接着在分析图书馆参考咨询工作现状和不足的基础上，结合整合营销理论提出了自己的对策建议：要构建新的图书馆参考咨询服务推广模式，在图书馆参考咨询服务中活用整合营销的要素。活用主要体现在广告、公关活动、促销活动等的活用上。虽然文章还需丰富具体的支撑理论的实例，但对理论的活用意识具有一定的借鉴意义。

（二）阅读推广

王群和施兰花[2]是较早使用网络整合营销理论对高校图书馆的阅读推广服务进行研究的学者。文章在回顾网络整合营销4I原则的基础上，对4P、4C与4I营销理念进行了对比，相较于视觉营销等单一的营销模式，4I原则

---

① 杨之音，赵闯. 整合营销传播战略在图书馆参考咨询服务中的应用[J]. 图书馆学刊，2008（04）：29-31.
② 王群，施兰花. 基于网络整合营销4I原则的高校图书馆阅读推广营销策略及路径分析[J]. 图书馆建设，2016（09）：58-63.

整合性、多样化形式的优势显而易见。其能够同时达到"请读者注意"和"请注意读者"的双重目的，实现"服务"和"宣传"双向并举。文章接着分析了网络整合营销4I原则在高校图书馆阅读推广中的价值，认为其在推动长效传播、提升服务品质和打造品牌特色等方面有重要的价值。最后，总结了基于网络整合营销4I原则的高校图书馆阅读推广营销要点，主要是挖掘娱乐元素，激发参与热情；丰富激励形式，建立稳定学生群体；关注读者体验，增强品牌情感认知。文章对网络整合营销的内涵把握较为准确，对网络整合营销的价值分析也有较大的参考价值。策略的建议也有较强的实践意义。该文献对于研究网络整合营销在图书馆的应用具有较高的参考价值。

吴诺曼[①]使用4I模型对高校图书馆阅读推广进行了研究。虽然文章中的4I模型和网络整合营销中的4I原则在说法上略有差异，但从文章的理论逻辑和应用逻辑上二者高度相似。前者指的是个体的聚集（Individual gathering）、互动的沟通（Interactive communication）、在里面（Inside或In）和"我"的个性化（I）。后者指的是趣味原则（Interesting）、利益原则（Interests）、互动原则（Interaction）、个性原则（Individuality）。可以看出两者有交叉、重复的地方。文章在理论回顾中也认为传统的营销4P、4C、4R理论将被4I理论取代，网络营销模式对建立新型的顾客关系给出了全新的方式。与网络整合营销4I策略的理论发展路径较为相似。文章结合四川大学图书馆的工作实践，主张明确分众的阅读推广、激活互动的阅读推广、具有黏性的阅读推广和彰显个性的阅读推广也符合网络整合营销的策略理念。虽然该文的4I模型和网络整合营销的4I原则有一些差异，但具有一定的借鉴意义，特别是结合工作实践进行理论分析方面。

何建新和刘信洪[②]也从整合营销的视角下对高校图书馆阅读推广进行了研究。文章主要通过分析不同策略与高校图书馆之间的关系，然后提出相

---

① 吴诺曼. 4I模型对高校图书馆阅读推广的启示——以四川大学图书馆阅读推广系列活动为例[J]. 图书情报工作，2016，60（14）：115-120.

② 何建新，刘信洪. 整合营销策略视角下高校图书馆阅读推广研究[J]. 高校图书馆工作，2017，37（06）：70-73.

应的策略建议。文章分析传播策略时，主张全方位地宣传和打破常规思维模式宣传。分析品牌策略时，主张特色鲜明、寻求创意、准确定位、舍得投入和持续坚持。该文提出的相关策略和建议具有一定的参考价值，但其文章结构、层次和逻辑还有提升的空间。

陈桂香①采用4I营销理论对图书馆代际阅读推广进行了研究。文章从拓展代际阅读推广的宽度和提升代际阅读推广的深度两个方面分析了4I营销理论在图书馆代际阅读推广中的作用。接着，文章分别结合趣味性、利益性、互动性和个性化的实践案例进行分析。在此基础上，提出了四个方面的建议：挖掘趣味，激发读者参与热情；以读者为中心，寻找代际双方的利益点；创新推广形式和渠道，建立多元化的沟通平台；注重个性，发展特色品牌。文章论述翔实，对理论把握较为准确，对使用4I营销理论进行研究具有积极的借鉴意义。

（三）学科服务

李梦楠②采用4I营销原则对高校图书馆嵌入式学科服务进行了研究。文章在回顾嵌入式学科服务和4I营销原则的基础上，使用4I原则对上海交通大学图书馆和大连外国语大学图书馆的嵌入式学科服务进行了对比分析。在分析的基础上主张用趣味性吸引用户，创新服务模式；将互动贯穿学科服务全过程；深入挖掘用户需求，提供个性化服务；以"双赢"为目标，彰显图书馆价值。文章使用4I原则对具体案例进行对比分析，具有借鉴意义。在策略论述中，既有理论论述，也有具体举措建议，值得学习。

李梦楠和周秀会③也使用网络整合营销理论4I原则对高校图书馆嵌入式学科服务进行了分析研究。文章在引言中借用美国西北大学营销学教授雷斯纳的观点——"卓越的图书馆与无法达成目标的图书馆之间最明显的差距就是营销质量"，阐明了营销对于图书馆的价值。接着从提升用户认知

① 陈桂香. 基于4I营销理论的图书馆代际阅读推广研究——以非血缘关系的代际阅读推广为例[J]. 山东图书馆学刊，2021（01）：62-66.
② 李梦楠. 4I营销原则对高校图书馆嵌入式学科服务的启示[J]. 新世纪图书馆，2018（11）：29-31+51.
③ 李梦楠，周秀会. 高校图书馆嵌入式学科服务研究——基于网络整合营销4I理论[J]. 图书馆工作与研究，2018（12）：115-121.

度、提高嵌入式学科服务的质量、打造嵌入式学科服务的品牌形象、推动嵌入式学科服务的持续发展四个方面分析了4I原则对于高校图书馆嵌入式学科服务的作用。然后结合实例主张：从增加娱乐元素，创新服务形式；遵循"线上+线下"的互动模式；强调"焦点关注"，提供个性化服务；用"利益"吸引用户，激励服务团队。最后提出了基于网络整合营销4I理论的高校图书馆嵌入式学科服务模型。主张：要深入挖掘用户需求，把握用户信息行为规律；重视互动合作，优化服务团队；整合多种营销手段，加大宣传力度；组合多种网络媒体，增强服务效果；建立系统科学的用户反馈评价机制，及时解决问题；提高学科馆员素质，体现图书馆员价值。相比前一篇文章，李梦楠的这篇文章对4I原则和网络整合营销理论的理解和应用更加全面和深刻，并且构建出相应的实践模型，具有较高的参考价值。

（四）运营策略

黄付艳[①]使用整合营销理论对图书馆服务营销策略进行了研究。文章在回顾整合营销理论（IMC）的内涵和特点的基础上，提出了新的服务营销策略。主张：建立用户资料库，全面研究用户；进行接触管理，建立有效沟通；组合营销传播工具，达成传播目标。在组合营销传播工具时，还主张将4Ps工具进行组合传播。文章的论述若能再细致一些会更具说服力，但其策略建议中的一些观点还是具有借鉴意义的，如营造良好的服务环境、完善售后服务、及时根据反馈信息改进服务和积极采用4Ps工具等。

高晓晶等借用网络整合营销的4I原则对高校图书馆微信公众平台营销策略进行了研究。文章使用微信传播指数WCI对36所"双一流"A类高校图书馆的微信公众号进行了统计分析，并将武汉大学图书馆微信公众号做重点个案进行了分析；还使用SWOT分析法，对高校图书馆微信公众号内容运营进行了分析；最后，在4I理论的基础上提出了相关的建议。文章使用理论太多，过于零散，彼此之间联系和逻辑不是很明确，结论也略显粗糙，看不出与4I理论的关系。倒是使用微信传播指数WCI来评价高校图书馆微信公众

---

① 黄付艳. 基于整合营销传播理论的图书馆服务营销策略探讨[J]. 科技情报开发与经济，2012，22（09）：46-48.

号运营质量的思路值得借鉴。

　　高海燕[①]等使用网络整合营销的4I原则对高校图书馆"迎新季"主题活动营销模式进行了研究。文章先对42家"双一流"高校图书馆2018年"迎新季"主题活动的主题、方案及营销推广途径进行了统计分析，概括出他们的主题活动的特点有：活动主题彰显特色，认知方式重在趣味；体验形式多元互动，活动内容持续常态化；营销途径多样，推广策略个性化；等等。同时，认为也存在不足。例如：用户参与度较低，实施效果未达到预期；服务意识有待提高，新生专栏内容尚需优化；营销推广成效不明显，需融入现代营销理念；等等。然后结合4I原则构建出高校图书馆"迎新季"主题活动营销推广模式（见下图）。最后，使用构建的模式对南京交院图书馆的"迎新季"主题活动进行了验证分析。文章对网络整合营销的4I原则把握较为准确，最值得借鉴的是构建出了适合分析的推广模式，并用实例加以验证，具有较高的参考价值。

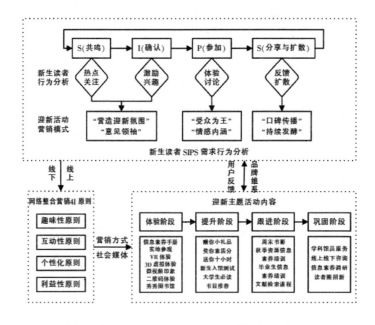

高校图书馆"迎新季"主题活动营销推广模式图

---

　　① 高海燕，许正兴，李宏芳，等. 基于4I原则的高校图书馆"迎新季"主题活动营销模式探究——以南京交通职业技术学院图书馆为例[J]. 图书馆工作与研究，2020（04）：98-105.

总体来说，图书馆界使用网络整合营销理论对现有的工作和实践进行了一些有益的探讨和研究，特别是对4I原则的应用已有一些较为不错的成果。虽然整体热情远不及SWOT、PEST、STP等理论的应用研究，但认识网络整合营销需要有一个过程。相信随着互联网和新媒体的快速发展，人工智能和智慧图书馆建设的加速，使用网络整合营销理论研究高校图书馆的热情会不断增长，也会有更多有价值的研究出现。

第三节　整合　更好地利用资源

网络整合营销理论看似只和网络有关，若只把目光停留在网络世界里，就忽视了虚拟世界和现实世界的关系。虚拟世界是现实世界的延伸和投射，又通过认识反作用于现实世界。20世纪末出现了网络购物的理念，认为网络购物可以提高效率、节省时间，但这种现在看来理所当然的想法在当年只是一个类似天方夜谭的笑话。人们难以想象素未谋面的两个人会发生财物的交易，因为缺乏信任。当相应的机制构建完成，即使配套设施还不是那么完备时，网上购物就像潮水一样席卷全国，并促进了快递业、物联网、大数据和云计算的快速发展。因此，网络整合营销理论虽然依托网络，但需要完成思维、焦点、资源（狭义上的人、财、物）和媒介的整合，才能更有效地发挥它的价值和效用。

一、思维的整合

美国西北大学营销学教授雷斯纳认为"卓越的图书馆与无法达成目标的图书馆之间最明显的差距就是营销质量"，并提出"营销对于图书馆非常重要，应该全方位地整体营销图书馆与图书馆所提供的服务"。或许，贝萨特和夏普曾对图书馆营销的看法可以为雷斯纳强调营销的重要性做一个注解。贝萨特和夏普直言不讳地指出"图书馆员不擅营销，他们从来就没有营销过。图书馆员做统计，写报告，搞宣传，教利用，但他们不营销"。①虽然这个批评来自很多年前，现在的高校图书馆是否有所改善呢？答案可能不容乐观，甚至有些高校图书馆还有所退步，连写报告和搞宣传的热情都在慢慢丧失。因为快速发展的网络世界正在蚕食高校图书馆原有的现实世界，而他们还在现实世界里茫然不知所措。因此，思维的整合是所有整合的前提，需要更新认识，统一思想。思维的整合可以从传统思维与新思维、线下思维与在线思维、宣传思维与营销思维、管理思维与整合思维等维度展开。

（一）传统思维与新思维

高校图书馆的传统思维主要体现在"藏用并举，以藏为主"上。之所以形成这样的思维原因是多方面的。一是受传统藏书楼的影响，认为图书馆就是保存文献的地方，把图书馆的价值等同于保存文献的价值。二是相关评估指标的影响。评估指标对于促进高校图书馆的建设具有积极的意义，但最受学校关注的指标只有生均册数和年生均进书量。因为这两个指标属于评估的核心指标，会影响学校的评估结果。在网络不发达的年代，高校图书馆拥有的资源属于硬通货。而当下，获取信息和知识的渠道日渐多元，还抱着传统思维经营高校图书馆，只会导致高校图书馆越来越被边缘化；对于应用型本科高校图书馆更是如此。

在新的形势下，高校图书馆应主动拥抱"营用并举，以用为主"的新思维。营就是要善用网络，积极营销，瞄准需求，注重应用，提升体验。新思维要求图书馆人要主动作为，积极作为，深入读者群体中去调查分析，归纳总结读者的行为特征、需求特征和认知特征，然后根据需求改善服务、优化流程，乃至设计和提供新的服务。新思维要求图书馆人要积极拥有新网络、新媒体、新语境，以新的形式和手段走近新生代。新思维要求图书馆人要重新评价和界定馆内各类资源的价值，重新定位它们的功能和作用。新思维是对传统思维的发展和延续，乃至革新，是扬弃糟粕、继承精髓的系统性思考。它们保存文明结晶，传承人类文化的内在要求是一致的。

---

① 吴建中. 现代图书馆管理的热门话题（下）[J]. 图书馆杂志，2004（09）：18-23.

（二）线下思维与在线思维

线下思维的核心是等待、守望，是信任后才有更深的交流。线下门店喜欢回头客、老顾客，会给他们更多的优惠。老顾客也因此更加忠诚某一个品牌或门店。线下思维往往会加持人情因素，人脉好的商铺会更有市场。高校图书馆也一样，会在力所能及的范围内优待那些经常来图书馆且品行良好的读者。那些经常去图书馆的读者也会因为某位图书馆员的因素，格外认同图书馆的服务。虽然到图书馆主要是学习、休闲，但读者们还是非常在意服务的态度。

在线思维的本质是即时的互动和沟通，是交流后逐步建立信任。在线思维突破了线下思维的时间、地域、人群的界限。无论是白天，还是黑夜；无论是校内、校外，还是国内、国外；无论是教师、学生，还是其他类型的读者，都是服务的对象。在线不仅跨越距离，还突破了载体物理形态的限制，不再纠结一本书刊有几个复本，在不在馆，只要带宽允许，并发允许，就可以同时服务多个读者。还可以为阅读同一种书的读者拉个小圈子，实时交流阅读心得。在线思维是对虚拟世界运行规则的浓缩反映。

（三）宣传思维与营销思维

宣传思维是展示，是炫耀，是说教，是通过向外界描述我有什么，我怎么怎么好，我多么多么有用，来吸引读者关注的目光，进而诱导他们利用图书馆。宣传思维关注的重点是：说什么，用什么说，说了多少，以文字的优美与否、版式的精美与否、画面的唯美与否、频次的多少来评价宣传的成效。宣传思维主张：对上负责，积极贯彻领导的意图。

营销思维是吸引，是关注，是沟通，是通过了解外界的需求，述说他们的痛点，给出解决之道：通过描述我可以为某个痛点提供什么样的解决方案，来赢得相应读者的关注，进而引导他们利用图书馆相应的资源。

（四）管理思维与整合思维

管理思维重在约束——建立规则，让一切运行都有条不紊，最不喜欢的事就是意外和例外。对图书馆而言，规则更为严格——书库里的书是有序摆放的，阅览室的座椅是整齐划一的，在图书馆内应该是鸦雀无声的，不允许带饮料，不允许吃东西，等等。若是认真贯彻图书馆的每一条规则，只会让人感到无比压抑。当然，没有规则就没有效率。图书馆的这些规则是为了保证实现现有资源的最大效率，不得不牺牲一些应该有的自由。

整合思维重在重构，开发新空间，满足读者更多的差异化需求，最喜欢的就是意外和例外。只有意外和例外，才能让图书馆人意识到读者群体间的差异性需求，才能有针对性地开发出新的服务。整合思维不仅表现在对需求的识别上，也表现在资源的配置上、人员的组成和分配上、服务的评价上、平台的运用上。

二、焦点的整合

焦点就是中心，就是吸引人们关注目光的地方。焦点的方向影响决策和资源配置的方向。在信息爆炸的时代，人们的关注力是最稀缺的资源。抢夺人们关注力也是营销的重要内容之一。作为正在边缘化的应用型本科高校图书馆要有危机意识，从整合焦点的层次、内容、话题等方面入手，提高焦点整合的效率。

（一）整合焦点的层次

不同层次的群体关注的焦点是不一样的，高校也一样。高校图书馆需要打造一个核心，将不同层次的焦点串联起来，虽然层次不同，角度不同，但能形成合力。例如，对于学校管理层，图书馆可以将智慧图书馆彰显学校现代化管理水平和先进的教育服务理念作为宣传的焦点。对中层管理者而言，图书馆可以将智慧图书馆有助于分析学生的学习行为、阅读倾向，分析教职工的科研和学习的行为，提高工作效率，能为各个部门决策提供相应的数据支撑作为宣传的焦点。对师生而言，图书馆应重点强调智慧图书馆的跨平台、跨区域、智能推送等使用体验，强调其便捷性和高效性。焦点不在多，而在对于不同的群体都有适合的特征可以描述。这样会为不同群体制造共同的话题，进而巩固焦点的地位。试想若是智慧图书馆差异化策略奏效，即使高层和学生对话，提高智慧图书馆的服务水平，可能都会觉得挺不错，但他们评价的角度是有差异的。

高校图书馆还要善于将自己的焦点融入学校的焦点和师生的焦点中，

这也是一种整合。例如，每逢学校评估、升格和申请硕博点时，都是高校图书馆建设的关键期和机遇期。高校图书馆一定要认真研究相关指标，虚心向兄弟高校取经，自觉地将自己的焦点与学校的中心工作统一起来，进而得到学校更多的关注和支持。对于师生的焦点，高校图书馆更要主动发现，积极整理融入自己的焦点中。比如，对于学生考研考公的热情，图书馆要积极鼓励，在空间、资源上给予支持，可以设置专门的阅览室、购置相应的数据库、举办相应的讲座等。

（二）整合焦点的内容

焦点的内容包括调查的内容、工作的内容、规划的内容。读者群体的需求是多样化、动态的，高校图书馆调查后不可能全部满足，也不能一股脑地全部拒绝。这就需要分类归纳，列出轻重缓急，分类实施，分步推进。高校图书馆工作的内容也很广泛，但要让其围绕焦点工作展开，不能偏离焦点工作、违背图书馆的初衷。比如，打扫卫生也是图书馆的工作，是保持阅览环境整洁有序的重要工作之一，但不适宜在开馆的时候进行，也不能因为要打扫卫生设置过长的闭馆时间。这就需要形成惯例，给读者和工作人员一个固定的期望。彼此都知道某个时段是闭馆做卫生的，要自觉地保持环境，节省打扫的时间成本。即使如此，打扫卫生也是为图书馆的焦点工作服务的，必要的时候就需要让步，服从整合的要求。例如，可以分区域轮流闭馆。规划是长期的计划，高校图书馆在做规划时应在围绕焦点工作的前提下进行，不能忽视乃至违背中心工作。比如，报告厅的设计既要考虑人流对阅览环境的影响，也要考虑音响所产生的音波对环境的影响，更要考虑活动内容是否符合图书馆的大环境。比如，唱歌跳舞类的竞赛就不宜放在图书馆的报告厅进行。

（三）整合焦点的话题

网络整合营销理论主张通过话题来吸引受众的关注力。话题制造是高校图书馆的弱项，也容易被其他话题冲淡，但并不意味着没有话题或缺少话题，只是缺乏焦点意识而已。在话题的整合上，要把握头条原则、时段原则、热点跟随原则、小而轻原则。头条原则是指微信公众号的推文中，头条的阅读量要远远高于次条，次条要高于三条，依次递减。在发送推文时，一般应将重要的推文放在头条，但有时也可以反其道而行之。如果能够确定某个推文必然受到关注，比如，闭馆放假时间，可以将其放在次条，以增加头条的流量。时段原则是指推文的推送时间会影响阅读量，一般可以选择课间、饭前和睡前的时段推送，更容易引起关注。热点跟随是指高校图书馆的宣传要善于蹭热点事件，就像南京大学图书馆那篇超过3万次的推文一样，恰逢中华人民共和国成立100周年这样的大事件。小而轻是指高校图书馆的推文要切忌说教、长篇大论，要用短小、清新、年轻人喜欢的语言去描述。

三、资源的整合

从表面上看，应用型高校图书馆的资源（狭义上的人、财、物）很丰富，有数量庞大的藏书，有空间开阔的阅览室，有较为固定的工作人员，有相应的经费预算，有可以利用的宣传平台和工具。不少应用型高校图书馆还是学校的标志性建筑。比如，山东黄海学院图书馆背山面海，视野非常开阔，内部环境也很有特点。南通理工学院两个校区的图书馆都是校内最高的建筑，处于学校的中心位置，一进大门远远地就可以看到，非常显眼。即使如此，应用型高校图书馆还是处于较为弱势的位置。应用型高校图书馆应深刻反思自己的原因，未能实现对自身资源的整合，发挥出应有的作用。应用型高校图书馆整合自身资源，需要从人力资源、空间资源和财力资源三个方面努力。

（一）人力资源的整合

应用型本科高校图书馆的人员构成是复杂的，有较为专业的年轻馆员，有退休返聘的社会人员。大家的心态各异：有忠于职守的，有得过且过的。能力差异也比较大：有的精通业务，有的一学就会，有的主动学习。同样，参与图书馆志愿活动和勤工俭学的学生，在能力和态度上差异也比较大。因此，想要建设一支高效、精干的馆员队伍，就需要对现有的人员进行分类整合。

要把那些专业能力强、工作积极性高、责任心强的人推上小组或部门领头羊的位置，带动队伍活力。

要充分发挥政治业务学习的作用，加强思想教育和业务知识培训，不断提高馆员的职业认同感、职业能力和敬业精神。要充分发挥制度激励和表扬激励的作用，及时地肯定和表扬那些值得认可和鼓励的行为，形成正面强化机制。

要组建善于学习、精通新媒体、文字功底好、新闻意识强、具有较强创新意识的营销团队，负责内宣和外宣工作，不断提升图书馆的话语能力，对内不断凝聚共识，对外积极展示形象，传递信息，吸引关注。

要充分挖掘学生志愿者和勤工俭学学生的潜力，建立公平、科学的评价激励机制，调动他们的热情；建立"老带新"的帮扶机制，确保队伍发展的可持续性；建立相应的荣誉机制，升级他们的借阅权限，提高他们的荣誉感和归属感。

（二）空间资源的整合

空间资源的整合是指要打破区域的界限、线上和线下的界限，以趣味性、互动性、个性化为切入点，根据读者需求和流行趋势打造新的空间区域和服务模式。

一要提高阅读空间的趣味性。在当下推崇趣味、信息泛滥的时代，传统一成不变的格局，不仅是对资源的浪费，也不能勾起读者的兴趣、唤起新生代的认同。因此，提高阅读空间的趣味性不仅重要，而且必要。阅读空间的趣味性可以体现在座椅的造型、颜色上，也可以体现在一些设备的造型和功能上，也可以通过灯光、墙壁的变化创造不同的氛围和格调。可以在阅览区设置留言墙、心愿墙，可以设计便于打卡的背景。总之，要让读者在阅读、休闲之外，寻找到新的乐趣，放松心情，提升体验感。

二要增加互动性的阅读空间。一方面，传统的阅览区以个人独自学习为主，一般禁止相互讨论交流。实际上小组交流学习和群体互动也是一种学习的方式。另一方面，传统的馆员缺少和读者互动的渠道、场所和机会。这种互动的缺乏，让读者和馆员彼此陌生，很难形成共鸣和共识，不利于图书馆的建设和读者更深层次地利用图书馆。因此，增加互动性的阅读空间不仅有助于满足读者的特殊需求，也可以搭建一个馆员和读者相互了解的平台。互动性的阅读空间可以是小型的讨论间，可以是休憩放松的咖啡吧，可以是品味花香、欣赏风景、摆有座椅的楼台，可以是便于小组面对面交流心得的情景阅读室，也可以是趣味横生、在线交流的社区和空间。

三要注重个性化阅读空间的打造。猎奇是人的天性。千篇一律的布局会让人感到疲惫，也无法满足差异化的需求。因此，打造个性化的阅读空间不仅有助于提高图书馆的关注度，更有利于满足读者的个性化需求。这种个性化阅读空间，可以是接打电话的电话亭，可以是适合放声阅读的朗读亭，可以是带有镜子和录音功能的演讲练习亭，也可以是主题色彩较为鲜明的阅读空间，比如古香古色的国风阅读区、科技感十足的科幻区等都可以成为建设的选项。除了打造线下的个性化阅读空间，也要积极建设个性化的线上阅读交流空间。通过网络和社交软件把具有相同爱好的人聚合在一起，彼此鼓励、启发，共同进步。图书馆需要做的就是在学生中发现并培养骨干成员，发挥他们的能动性，进而辐射更多的学生。

（三）财力资源的整合

应用型本科高校的经费虽然固定，但主要是纸质文献、数字文献采购经费和日常维护费。财力资源整合主要是指充分发挥现有经费的效用，积极争取外部经费和开发增收渠道。

充分发挥现有经费在纸质文献采购上的效用，要重点保障三点：一是保障专业对口优质文献的采购。二是保障年生均进书量达标。三是保障畅销图书的采购。在确保前两点的基础上，向采购读者喜闻乐见的纸质文献倾斜，重视畅销图书的采购，特别是青年人较为关注的图书的采购。也可以采用巧妙的方式将纸质文献和数字文献打通使用。以期刊采购为例：可以通过采购超星的电子期刊，制作成可以扫码阅读的样刊模式，减少多个复本的采购。特别是涉及多个校区的期刊采购，可以通过这种方式实现差异化订购，既保证了订购的品种，又不影响每个校区的阅览需要。

积极争取外部经费是指图书馆要积极争取合作方的赞助和其他捐助。营销活动的开展都离不开经费的支持，仅靠学校的活动经费恐怕难以为继。图书馆在开展相关活动时既要积极争取合作方的赞助，要积极争取合作方的人力和物力资源，节省图书馆这方面的开支。

开发增收渠道是指应用型本科图书馆要积极开发新的服务增值项目，为图书馆增加收入。比如，可以增加课题查新查引服务。不少科研工作者都需要这项服务，并不局限于校内教师。该项服务也有相对统一的标准，图书馆要充分发掘队伍中的人才潜力，通过合作、挂靠等方式获取查新查引的资质，积极开展类似服务。

四、媒介的整合

媒介是传播理念的工具，是营销思想和宣传理念传递到受众眼前的渠道。工具和渠道是为思想和理念服务的。当然，每一种媒介都有其自身的运行逻辑、理念和特点。高校图书馆要认识和理解媒介背后的运行逻辑、理念和特点，然后加以利用，而不能为了适应它们就丧失乃至放弃自己的底线和特色。当下可以利用的媒介工具很多，如微信公众号等；再加上传统的网站、QQ群、Email、展板、宣传栏、留言板，图书馆会发现工具太多，人手不够。即使全面开花，也会出现相互打架、各说各话的情况，反而不利于营销传播。因此，为了提高媒介的运营效率，需要从宣传理念、媒体形式、宣传话题等方面对媒介进行整合。

（一）宣传理念的整合

宣传理念的整合是指应用型高校图书馆应当在媒介使用的功能定位、面向受众和更新频率上有侧重、有取舍，才能确定系统设计、资金投入和人力配备。

功能定位应立足于能力、资源和平台特点，先解决有没有的问题，再解决好不好，最后解决强不强。高校图书馆一般都会将信息发布、形象宣传、理念推广、服务介绍融入媒介的功能之中，特别是新媒体的功能中，但往往会给人一种部门网站换了个平台，或者是长篇大论式的谆谆教导换了个方式。这种理念会影响广泛传播的效果，也会降低平台的黏性。新媒体平台的特点是短、趣、快。短就是文章要短，除非很有深度的文章，一般要保障读者在2分钟之内完成阅读。视频也要短，一般3—4分钟，能控制在1分钟左右更好。趣就是有意思，有可以琢磨的点、可以交互的话题或情感。发布信息要快，从直播到短视频，体现的都是即时性。快，才能更好地赢得受众感受。

面向受众是指宣传的策划阶段就应该明确：宣传的内容是给谁看，吸引谁的注意力，为了达到什么样的目的。针对不同的群体应该选择不同的表达方式、传播方式、交互方式和媒介工具。比如，给学校高层看，行文应该规范、严谨，视频应该中规中矩，站位要高，观点要突出，逻辑要经得起推敲，数据要扎实。提出问题，一定要有相应可供参考的解决方案。如果给新生看，语言要活泼、亲切，仿佛是自己身边的同学在讲故事，重在营造意境，巧妙地传递暗示和希望。

更新频率关乎新媒体的成长速度。在信息纷杂的时代，每时每刻都有大量信息涌现出来，那些更新慢的公众号会很快被淹没，甚至被当作负担清理掉。因此，新媒体一定要维持一定的更新频率，保持存在感。特别是在重要节日、热点事件出现的时候，一定要善于利用这些免费的流量，为自己扩大影响。

（二）媒体形式的整合

不同的媒介呈现给受众的视觉、听觉效果不尽相同，但不能因为这种差异而放弃自身独特性的表达，同时还要确保在各个媒介中形象的相对统一，以便受众更好地识别和区分。这种独特性的表达，可以通过统一视觉识别、统一语言风格、统一信息出处和重点品牌打造等来实现。

统一视觉识别是指图书馆发布和推送的信息、视频应有统一的、能够反映身份的标识，比如，图书馆的LOGO（商标）、色彩、动画等。这种标识不仅要在推文固定的位置体现，在视频固定的位置体现，也要在图书馆内部的通知、展板、宣传内容中体现，乃至纸质文献的加工中也要有体现。同样，图书馆的LOGO、色彩、字体式样要固定、统一，不能朝秦暮楚、朝令夕改，要体现较强的传承性和稳定性。在可以申请官方身份认证的平台，一定要完成身份的认定，避免出现"李鬼"造成不必要的麻烦。

统一语言风格是指图书馆在不同媒介上发布信息的行文风格要相对统一，要让受众感受一个较为稳定和有自己特点的宣传人格。比如，公众号推文可以主打清新可爱风，将漫画和幽默作为辅助宣传点。宣传广告可以主打唯美风，以语句的优美、画面的精美和时尚为辅助宣传点。

统一信息出处是指图书馆无论在哪个媒介上传递信息，其出处都是统一的、经过策划和审核的。官方媒介的管理权一定是掌握在责任心强的老师手上的。新媒体受众广泛，传播效率高，容易引发传播事件，更需如此。

重点品牌打造是指图书馆可以有意识地打造一些品牌项目。通过品牌项目的带动，提升图书馆信息的传播力和渗透力。比如，厦门大学图书馆的每周一签，形式很简单，但效果很好，既创新了传递形式，又吸引了关注的目光。

（三）宣传话题的整合

话题营销是网络整合营销一个较为重要的领域，可以分为FEA、FEAVA和话题网络整合等多种模式，其中的核心都是话题。有话题，才会有交流，才会有传播，才能保持热度，扩大影响。

打标签是指图书馆要主动为自己的推文、视频贴上标签，以便于媒介平台分类、检索和推送。标签本身就是话题，要积极借鉴热门标签增加自己的流量。例如，开学季可以加入新生活、校园等标签。毕业季可以加入青春、回忆、我毕业啦之类的标签。

跟流行是指图书馆应积极关注流行的趋势和文风，用流行的风格展现自己与时俱进。这要求媒体运行团队保持开放的心态和对流行的敏感性。

搞原创是指图书馆要积极开发自己的原创作品，形成自己的风格，同时要积极申请原创保护，避免被抄袭和侵权。原创可以是内容上的，可以是风格上的，也可以是交流方式和活动形式上的。

建群组是指图书馆要积极建立粉丝群组，可以是优秀的读者、认真的志愿者、负责的勤工俭学学生，也可以是富有激情的老师。通过群组一方面可以集思广益，另一方面可以借助群组增加推文的转发力度。可以根据年级、学院建立不同的群组，在方便大家交流讨论的同时，增加彼此的黏性。群组除了线上活动，还可以有一些线下活动，以提高群组的归属感和获得感。

第八章　立体营销重塑自我——应用型本科高校图书馆营销策略实例分析

第一节　应用型本科高校图书馆立体营销模型

一、模型概述

应用型本科高校图书馆立体营销模型旨在借助STP、SWOT、4P、PEST、4R和网络整合营销理论的优点，对应用型本科高校图书馆的各个维度进行分析，并在分析的基础上确定定位和规划，制定服务策略、宣传策略、馆舍建设策略、队伍建设策略和文献建设策略。

这个模型主张借助不同营销理论，从读者、图书馆自身、服务（产品）、环境、关系和资源等方面对应用型本科高校图书馆进行分析，进而为应用型本科高校图书馆的发展定位和策略制定奠定基础。

这个模型主张使用STP理论对读者群体进行更加细致和有针对性的研究，多层次、多维度地认识读者，通过特征聚类，不断细分读者群体，寻找出潜在和不断变化的读者需求，为图书馆服务提供更加扎实的数据和信息支撑。

这个模型主张使用SWOT分析，在对比中更全面地认识应用型本科高校图书馆自身，特别是通过与竞争者的对比、与历史的对比、与同行的对比，认清自己的优势、劣势、挑战和机遇。

这个模型主张使用4P营销理论，积极制定应用型本科高校图书馆的营销策略，通过关注服务（产品）、价格（成本）、渠道和推销四者之间的动态关系，寻找和制定最适合自身的营销策略。

这个模型主张借助PEST分析法，通过不同维度，更好地了解应用型本科高校图书馆所处的政治环境、经济环境、社会环境和技术环境，分析不同环境所带来的促进因素和制约因素，寻找破解之道。

这个模型主张使用4R营销理论，更好地认识内部各个要素之间，与学校决策层、兄弟部门和合作者之间的联系，积极建立链路，形成更具生命力和影响力的营销关系网络。

这个模型主张使用网络整合营销理论，积极发挥其4I原则的力量，充分整合各个层面和维度的资源，为应用型本科高校图书馆的发展服务。

应用型本科高校图书馆立体营销模型的总体框架如下图所示：

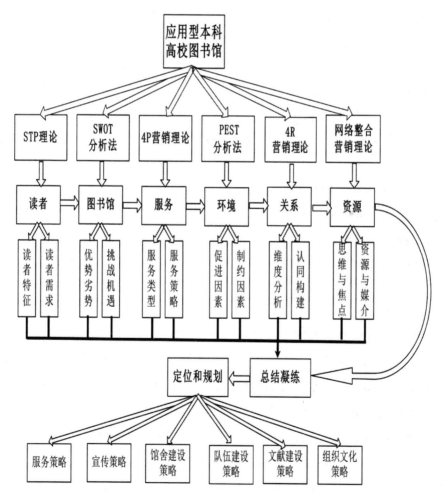

图8-1 应用型本科高校图书馆立体营销模型总体框架图

二、模型解析

（一）总流程

应用型本科高校图书馆立体营销模型总流程可以分为四步：借助理论进行基础分析、对分析结果进行总结凝练、确定定位和规划、制定相应的策略。

借助理论进行基础分析可以分为内部分析和外部分析。对读者的分析、对自身的分析和对服务（产品）的分析侧重于内部因素分析，对环境和关系的分析侧重于外部因素分析。对资源的分析偏重综合性分析。

制定相应的策略应放在确定定位和规划之后，因为定位是总方向，决定战略的方向和目标；规划是长期计划，是落实定位的路线图；策略是短期计划，是落实规划的现实抓手。

（二）相关策略解析

1. 定位和规划。定位是指应用型本科高校图书馆经过分析凝练后对自身现状的判断和对未来发展的期待。定位从时间维度上可以分为当前定位、短期定位和长期定位。当前定位就是对图书馆目前在学校、读者、合作方和图书馆员工心目中位置的判断。短期定位是指图书馆对半年或者一年后，在相关人员心目中位置的期待和判断。长期定位是指图书馆对3年、5年或者更长时间后，自身所处位置的期待和判断。从覆盖面上可以分为整体定位、分层定位、单项定位。整体定位是指图书馆对自己总体所处位置的判断和期许。分层定位是指图书馆对不同人群所做的差异化的位置判断和期许。单项定位是指图书馆就某一个项目所处位置的判断和期许。规划是图书馆在确定定位后，对实现路线图的具体描述。从时间维度上可以分为短期规划和长期规划。短期规划是指图书馆制定的1—3年的路线图。长期规划是指图书馆制定的3年以上的路线图。按照规划内容和任务，可以分为发展战略规划、服务建设规划、馆舍建设规划、队伍建设规划、文献资源建设规划和组织文化建设规划等。这些内容可以作为一个部分融入发展战略规划中，也可以根据需要单独成篇，作为发展战略规划的子规划。

2. 服务策略。这里的服务有别于传统意义上的服务，是特指可以作为产品对待的图书馆的服务项目。服务策略包括确定目标群体、项目内容与标准、价格确定、成本控制、品牌建设和服务项目开发与调整等。确定目标群体主要是指图书馆明确不同项目所服务的读者群体。项目内容与标准是指服务项目的具体内涵包括哪些措施，有无评判高下、合格与否的标准。价格确定是指读者接受该服务需要支付的显在的支出（金钱和时间）和潜在的机会成本（精力和信任）。成本控制是图书馆对提供相关服务人力、物力、资金、空间和时间的掌控。品牌建设是指图书馆打造的具有一定特色和影响力的服务项目或活动。服务项目开发与调整是指图书馆根据读者需求变化和自身实践对项目种类和范围的增加或削减。

3．宣传策略。宣传策略是指图书馆围绕推广服务策划的所有活动的逻辑和思路。宣传的目的是推广，就是让更多的人知晓图书馆想要提供的和可以提供的服务，就是让更多的人从知晓到了解，到信任，再到自觉的二次推广的过程。宣传策略从任务内容上看，包括形象设计、媒介运用、活动策划组织、受众互动等。形象设计既包括图书馆标识、LOGO、色彩、风格等元素的设计，也包括这些元素的对外展示和应用。媒介运用不仅包括对通知板、宣传栏、海报、条幅、网站、宣传单、手册等的运用，也包括对微信公众号等新媒体的运用。活动策划组织包括以宣传推广为目的的各类活动的策划、组织、推广、总结等。受众互动是指图书馆借助各类交流平台和渠道，聆听受众意见、建议和需要，并积极回应和交流。宣传策略从对象上可以分为内宣和外宣。内宣就是针对图书馆员工的内部宣传。内宣可以成为做好宣传工作最有力的助推器，也可以成为工作最大的障碍。内部宣传的主要作用体现在深化认识、统一思想、协调行动上。深化认识就是指通过宣传教育，加深馆员对重要性、紧迫性和必要性的理解和认同，提高他们的责任心和工作积极性。统一思想是指通过宣传交流，让馆员求大同、存小异，将思想和认识统一到图书馆的总体发展上去，提高政治站位。协调行动是指通过宣传动员，在思想统一的基础上，对服务项目保持统一的口径、步调和动作，让宣传和实际保持一致。如果内宣工作不到位，外宣工作只能是自欺欺人，因为说得再好，读者一进馆，一接触到具体的服务，全部露馅。名不符实的宣传是难以持久的，也形不成影响力。外宣就是图书馆对外的宣传，包括信息发布、活动组织、形象展示、交流互动、氛围营造等，既可以通过看得见的文字、视频、色彩呈现，也可以通过态度、语气、思想等不易察觉的东西体现。

4. 馆舍建设策略。馆舍建设策略包括馆藏布局、环境打造、流线设计、功能定位、信息化建设等多个方面的内容。

馆藏布局是图书馆馆舍建设的核心，因为书库的承重要求比阅览室高，阅览室的承重比办公区域的高。期刊合订本和艺术类图书对书架和承重的要求要再高一些。同时，书库的搬迁也是一个工作量较大的工作，涉及下架、打包、上架、整序等诸多环节。因此，将书库放在什么位置，计划藏书多少，是优先考虑的问题，是图书馆在图纸设计时就应该考虑的问题。若在设计时没有能够准确地预留书库的空间，那么后天可以调整的空间很小，因为仅是承重问题就难以解决。馆藏布局不仅要解决当下的问题，还要长远考虑，避免因为书库大幅调整带来不必要的负担或成为难以解决的棘手问题。曾经有图书馆因缺乏对书库的长远考虑，导致新到图书无处摆放，只能将旧书打捆下架，堆在走廊里。后来，连走廊都堆不下了，只能减少采购新书。

图　大众书局的内部一角

环境打造就是通过对环境的布置，构建出读者喜爱的氛围，吸引更多的读者走进图书馆，亲近书香。即使在网络迅猛发展的今天，还有不少民营书店在攻城略地，吸引了人们关注的目光。比如，创建于1993年8月8日的西西弗书店，截至2021年7月，在全国80多个城市拥有300多家实体连锁书店。[①]成立于1927年的大众书局也在全国拥有近60家实体门店，并在不断扩张中。[②]相对于传统的书店，这些成长中的书店都比较重视环境的打造，在营造书香氛围的同时，形成了自己独特的风格。这种趋势在经济发展比较好的区域要好于经济发展薄弱的地区。也从侧面反映了人民群众对文化追求品位的提升和要求的增加。同时，说明不是读者在远离图书馆，而是图书馆一成不变的格局和品位正在远离读者。

流线设计是指因为图书馆属于人流量较大且活动时间相对集中的公共场所，需要对人流行进的路线进行规划设计。在保障安全、高效的同时，为图书馆的营销宣传和产品展示预留黄金位置。就像商场中不同位置因为人流不同，店铺的租金不同一样，图书馆流线上不同位置的营销宣传效果也是不一样的。图书馆需要通过流线设计充分发掘黄金位置的价值。比如，电梯内、电梯等候厅、主通道、阅览桌上，都是目光停留较多的位置，要预留空间，充分利用。

功能定位是指根据服务的内容和需要，在馆舍建设的过程中划定不同的功能区。一般会设置一般阅览区、新书阅览区、电子阅览区、专题阅览区、会议报告区、讨论交流区、朗读区、休闲区、工作区、陈列区等。不同功能区域对设施设备的需求也不尽相同。比如，电子阅览区对网络和电源的覆盖要求比较高，讨论交流区则对防噪声的要求比较高。

信息化建设包括图书馆信息化系统、广播系统、门禁系统、巡更系统、监控系统等一系列有助于提高图书馆现代化管理水平的软硬件建设。这些都属于馆舍建设需要统筹考虑的问题。

5. 队伍建设策略。队伍建设策略包括馆员队伍建设、社团队伍建设和

---

① 西西弗官网. 关于西西弗[EB/OL]. [2021-08-28]. https://www.sisyphe.com.cn/index.html#aboutAnchor.

② 大众书局官网. 大众书局·全家福[EB/OL]. [2021-08-28]. http://www.dazo.com.cn/index.php/dzdt/.

合作方队伍建设三个方面的内容。

　　馆员队伍建设从层次上包括管理队伍建设、业务骨干队伍建设和普通馆员队伍建设。虽然管理者都希望全员参与、全员提高，形成一个相互激励的团队，但结合现实来看，这可以作为一个美好的目标。管理队伍建设主要提高他们的思想觉悟、政治站位、组织能力、激励能力和创新能力。思想觉悟是指不断提高他们对图书馆事业的热情、责任心、荣誉感和使命感，能深刻理解图书馆的职能和使命。政治站位是指将他们的立场统一到学校、图书馆的发展和广大读者的需求上去，尽可能地摒弃小团体主义和小部门思想。组织能力是指不断提高他们活动的策划水平、流程的掌控能力、资源的统筹能力和人员的调配能力。激励能力是指不断提高他们的说服动员能力、人格影响力和自我抗挫能力。创新能力是指不断提高他们发现问题、解决问题、优化流程、制定方案、转变思路的能力。骨干队伍建设主要提高他们的思想觉悟、业务能力、执行能力和创新能力。思想觉悟是指不断提高他们对图书馆事业的认同感、责任心和荣誉感，能够理解图书馆的价值追求和主要职能。业务能力是指不断提高他们对图书馆专业知识掌握的广度、深度，积极了解前沿理论，并能结合图书馆实际加以应用，不断提高他们图书馆专业技能的熟练度。执行能力是指不断提高他们工作的主动性、积极性，能够主动反思，积极优化，不断提高工作效率和成效。创新能力是指不断提高他们发现问题、解决问题、积极贡献建议、方案的能力和意识。普通馆员队伍建设主要在于提高他们忠于职守的品质，自觉提升自身业务能力的意识和激发他们积极追求进步的欲望。

　　社团队伍建设主要包括社团定位、社团管理、社团制度和社团活动等内容。社团定位是指图书馆应该明确所属社团的主要任务、服务对象，让社团成员知道较为明确的角色定位。比如，青年志愿者和勤工俭学学生有什么区别，青年志愿者协会和读书社、文学社有什么区别。社团管理是指图书馆应明确指导老师，赋予一定的权利，核定相应的工作量，充分发挥其在社团骨干成员培养、团队激励中的作用。社团制度是指图书馆应明确社团的考核制度、招聘制度、晋升制度及相关细则，帮助社团树立规则。社团活动是指图书馆要引导所属社团围绕自身职能开展师生喜闻乐见的活动，充分发挥社团对图书馆的助力作用。

合作方队伍建设主要包括资源评估、能力评估和主动性评估。与图书馆合作的多以资源供应商、服务提供商和门店运营商为主，图书馆要积极地挖掘他们的潜力，保留那些优质的支持力度大的合作方，与图书馆一同成长。资源评估需要对纸质文献、数字文献和服务品质分别评价。在纸质文献上主要评估新书目的提供质量、书刊的配送速度、加工保障质量和折扣力度。在数字文献上主要评估数字资源的适用性、访问量、响应速度和异常事件出现的频次、范围和解决速度以及总体性价比。在服务品质上主要评估响应速度、服务一致性、价格和服务质量。能力评估主要评估合作方的履约能力和发展能力，不能简单地以价格确定合作方或供应商，特别是纸质文献的供应商更要注意一些人借用资质弄虚作假，给图书馆带来不必要的麻烦。主动性评估主要评估合作方对图书馆宣传活动的支持力度、频次和主动性，对于那些主动提供人力、物力和财力支持的合作方，应在同等条件下优先考虑。为了更客观地评价合作方，图书馆可以仿照大企业对供应商的评价方法，采用赋分定级制，并向供应商定期反馈定级结果。

6. 文献建设策略。文献建设策略包括纸质文献、数字文献和检索平台的建设。纸质文献的建设主要包括纸质图书、期刊、报纸购买的种类、覆盖的范围、复本的数量、中外文图书的经费分配和在总经费中的占比。总体上图书馆会制定一个原则框架，但随着学校专业、学科的变化和信息技术的发展，也需要做出相应调整。就目前趋势来看，高水平大学中数字文献的占比越来越高，有的甚至已经超过了六成。这需要应用型本科高校图书馆根据自己的实际情况和任务需求进行调整和确定。数字文献的建设主要包括学术论文、期刊文献、专题数据库、应用类数据库、教育培训类数据库等，一般需要考虑读者的需求度、是否需要本地存储、并发数、资源的更新率和界面的友好度等因素。检索平台的建设一般包括智慧图书馆平台、VPN类平台、小程序和App等的建设。智慧图书馆主要考虑跨数据库的检索能力、跨终端的适应能力、跨网段的应用能力、个性化的定制能力和各类数据的整合呈现能力。

7. 组织文化策略。组织文化策略主要指通过组织架构、制度设计、评价激励方式等引导潜在的行为逻辑、做事风格和团队氛围朝着某个方向发展的方法。组织文化有外在形式和内在形式之分。组织文化的外在形式表现在制度条文、行文规范、标识运用、环境布置等可以看得见、摸得着的地方。组织文化的内在形式表现在心理状态、服务态度、合作意识、奉献精神等不易察觉的地方。组织文化策略就是通过看得见的规范去影响和改变看不见的认识，使其朝着积极的方向发展。

第二节　南通理工学院图书馆的现状分析

南通理工学院创建于2000年6月，是经国家教育部批准建立的一所全日制普通本科高校。目前，学校拥有南通和海安两个校区，占地面积1200余亩，建筑面积46万平方米。现有全日制在校学生14915人，设有机械工程学院、汽车工程学院、建筑工程学院、商学院等11个二级学院，设置本科专业36个。建校以来，学校坚持"真心办学、良心育人"的办学理念，坚持"以学生为中心"的育人理念，把"立一等品格、学一等技能、创一等事业"作为育人目标，坚持以服务地方经济社会发展为宗旨，办学业绩得到了政府和社会各界的肯定和赞赏。学校先后荣获"江苏省文明校园""江苏省平安校园建设示范高校""江苏省民办教育先进单位""江苏省高等学校和谐校园""江苏省平安校园""江苏省教育工作先进集体（先进基层党组织）""江苏省高校思想政治教育工作先进集体""江苏省模范教职工之家"等诸多荣誉。学校立足南通，面向长三角，辐射全国，旨在建设一所应用型、高水平、有特色的一流本科高校。①

南通理工学院图书馆现拥有馆舍两座，分别位于学校本部和海安校区的中心位置，总面积超过1.80万平方米。一座现代化、高达19层的新图书馆正在建设之中，预计将在2022年年底投入使用。图书馆现拥有各类藏书200多万册（种），生均纸质图书超过80册，近4年生均年进书量都在4册以上。其中中文纸质期刊1500种，电子期刊上万种。图书馆拥有中国知网、

---

① 南通理工学院. 学校概况[EB/OL]. [2021-08-30]. https：//www.ntit.edu.cn/11/list.html.

超星数字图书馆、京东数字图书数据库、畅想之星光盘数据库、BKS外文原版电子书数据库、中科考试学习资源数据库、南通市科技信息平台等多个数据库，有超过100万种的电子文献可供师生查阅使用。[①]

作为应用型本科高校图书馆之一的南通理工学院图书馆，尽管近年来发展势头不错，但依旧面临着许多新的困扰。使用应用型本科高校图书馆立体营销模型对其进行分析，可以帮助其厘清现状和努力的方向，也便于进一步验证、优化和完善模型。

一、读者

南通理工学院图书馆的读者群体主要由四部分人构成：教职工、在校学生、周边区域人员及少量与学校有密切合作关系的机构用户。注册读者总数超过1.8万人。随着学校的发展，注册读者数量会进一步增加。

（一）按身份对读者分类

1. 教职工读者细分。按照身份和岗位的不同，可以将教职工分为教师、兼职教师、辅导员、党政工作人员、中层干部、校领导、工勤人员。不同身份读者的需求具有一定的差异。

教师对图书馆文献资源需求量较高，主要集中在期刊论文、学位论文、专业书籍上，同时对基于网络的各类数字文献需求比较高。利用较多的数据库有中国知网、百度文库、万方数据、超星书刊、京东阅读等。对智慧图书馆的检索平台利用频率较高，对个性化、点对点的文献传递服务需求较大。在教师群体中，还可以根据年龄和职称进一步细分，文献的需求量总体呈现两头小、中间大的态势。两头小是指刚入职的年轻教师和退休返聘的高职称教师对文献的需求量较小。中间大是指中青年教师因为职称晋升、科研教学压力大，需要利用的文献数量更多。

兼职教师对文献资源的需求主要集中在点对点的文献传递服务上。群

[①] 南通理工学院图书馆. 图书馆概况[EB/OL]. [2021-08-30]. https://lib. ntit.edu.cn/2018/0504/c2122a22167/page.html.

体内需求量差异很大：有的兼职教师基本每天都有5篇以上的需求，有的兼职教师基本没有需求。

辅导员对文献资源的需求一般，主要集中在纸质文献和期刊、学位论文、京东阅读上，辅导员中的差别也较大。

校领导对文献资源的需求比较集中，一般对管理类或者自己研究领域的文献比较关心，偏爱纸质文献，对时政、教育类的报纸期刊需求比较高，借阅时间一般比较长。

中层干部对文献资源的需求差异比较明显。有科研和教学任务的中层干部需要大量的文献，主要集中在学位论文、学术期刊、学术专著、在线文档、纸质图书等，对中国知网、京东阅读、超星书刊和百度文库等资源利用率比较高，喜欢使用点对点的文献传递服务。没有科研和教学任务的中层干部对文献的需求比较少，会借阅一些纸质文献和电子图书，主要使用京东图书。也有一些中层干部基本上没有文献需求，基本不进图书馆，也不关心图书馆有什么资源。

党政工作人员的文献需求差异和中层干部较为类似。有科研和教学任务的党政工作人员会有较大的文献需求，特别是有职业规划、渴望在职称方面更进一步的党政工作人员的文献需求更大。文献的利用也主要集中在学位论文、学术期刊、学术专著、在线文档、纸质图书等，对中国知网、京东阅读、超星书刊和百度文库等资源利用率比较高。没有科研和教学任务的党政工作人员的文献需求就比较低，主要借阅一些休闲类读物，如小说、养生保健、种花种草类书籍。

工勤人员对文献的需求比较低，有少量的纸质图书借阅需要，在宿管员和保安中较多。其他群体的工勤人员对文献的需求比较少，也很少利用图书馆。

2. 学生读者细分。对学生读者的细分可以根据年级、专业和性别进行细分。分年级看纸质图书借阅册数：大一的学生纸质文献借阅册数最高，大二有所减弱，大三借阅册数比大二多一些，大四纸质图书借阅册数最少（可能与在校时间较短和精力有限有关）。分年级看到馆次数：大三的学生到馆次数最高，大四的学生次之，接着是大一的学生，最后是大二的学生。出现这种情况的原因可能与一些学生在大三时开始准备考研、考公有关。分年级看数字资源利用情况：大四的学生利用频次最高，大三的学生次之，大二和大一的学生利用较少。从专业类型上看，偏文科的专业学生借阅纸质图书册数和到馆次数最高，其次是理工科专业的学生，艺术类专业学生较低。

3．周边区域人员细分。周边区域人员在图书馆里的分类为社会读者，从身份上可以分为周边居民、企业员工和培训机构的学生。周边居民是指居住在学校周围，但工作单位不在附近的人员。企业员工是指工作单位在学校周围，但住所不在学校附近的人员。周边居民注册为读者的多为年轻人，多以学习考研、考证为主，想借助图书馆的环境为自己营造一个学习的氛围。企业员工注册为读者的多为技术人员，想利用图书馆的资源解决自己查找文献时的困难。培训机构的学生注册为读者以借阅纸质文献为主，特别是小说类图书为主，旨在消遣时光。

（二）按需求文献类型分

1．纸质文献需求群体。纸质文献的需求群体中，可以细分为纸质图书需求者、纸质期刊需求者、报纸需求者和特种文献需求者。

纸质图书需求者一般较为关注文学类、历史类、哲学类、管理类、计算机类和语言类书籍。在文学类中，流行小说和热门小说的关注度较高。热门小说流通频次高，但一般时段有限。去年的热门小说，今年可能就无人问津了。在历史类中，趣说历史和人物传记类比较受欢迎。语言类书籍中关注度最高的是英语考级和考研类书籍。这类书的普遍特点是：更新速度快，需求量大，需求复本多，但图书馆不能逐一满足，特别是复本。如何破解这个难题，值得研究。

纸质期刊需求者一般关注文艺类、时尚类、大众爱好类期刊；对专业期刊也有需求，但数量有限，毕竟绝大部分可以通过期刊数据库获得。这里存在的问题是图书馆一般订购了大量的专业期刊，但利用率很低，却是专业评估考核的依据。对读者，特别是青年读者喜闻乐见的非专业期刊即使很受欢迎，订购数量也有限。同时，对于过刊是否有装订的价值，图书馆也摇摆不定。实践证明，往年装订的大量合订本基本无人问津，既浪费装订经费，又占存放空间。但其作为图书馆文献资源的组成部分，特别是专业期刊，如果一丢了之，似乎又有点不负责任。

报纸需求者数量极为有限，多以学校高层和机关部门为主，常常需要从中寻找重要的文章线索，作为某类申报的纸质材料支撑。广大读者基本上对其熟视无睹、视而不见，只是作为期刊阅览厅一隅的陈列和装饰品。

特种文献需求者的需求主要集中在年鉴、工具书、标准等特殊文献上，对工具书的需求较大。常有部门希望图书馆按照专业班级规模购买，但这种复本量的采购极其不符合图书馆的馆藏原则。实际情况是即使图书馆突破原则采购了，工具书利用率也极低。工具书的单价和分量都很大，对空间和资金都造成了不必要的浪费。

2. 数字文献需求群体。数字文献需求群体，按照需求目的，可细分为学术文献需求群体、应用文献需求群体、学习文献需求群体和休闲文献需求群体等。

学术文献需求群体主要包含两类读者。一类是出于科学研究需要查找文献的，以教师居多。这类需求者对文献的要求和期望是学术水平高，更新频率快，覆盖范围广，获取文献方便快捷，不受校内校外区域限制。这类需求者对学术论文、学位论文和学术专著需求比较高，同时对外文文献有一定的需求，对中国知网使用频次和依赖度较高。存在的问题是，中国知网价格连年上涨，南通理工学院图书馆未能订购全库，对读者的需求满足程度不够。另一类是出于撰写毕业论文（设计）需要查找文献的，以大四学生为主。这类需求者对文献的要求和期望是：检索方便、获取方便、覆盖范围广，不受区域限制。这类需求者对文献数量有期望，但判断文献质量的水平不高，对文献查重有较大需求。这类读者中有相当比例的人未能掌握文献检索和使用的方法，对学校已经付费订购的数据库利用率不高；习惯用百度、搜狗等搜索引擎查找文献，产生了不必要的额外支出。

应用文献需求群体主要包括教师、党政工作人员和学生。教师对应用文献的需求主要体现在课程课件、课程资料、习题案例等的查找上。党政工作人员对应用文献的需求主要体现在工作总结、制度规划、活动策划等的查找上。学生对应用文献的需求主要体现在活动策划、习题解析、应用文体等资料的查找上。应用文献需求群体习惯通过搜索引擎查找相关文献，以百度文库最多。存在的问题是，他们习惯直接使用百度文库查找，不习惯通过学校订购的百度文库高校版进行查找，产生了不必要的额外支出。

学习文献需求群体以学生和教师为主，其中学生是主体。学生对学习文献的需求主要集中在考证、考公、考研、英语考级和计算机考级等考试类的视频资料和考试库上，也有一些学生是因为软件学习、视频制作而产生了需求。教师的需求主要集中在考研、考证、软件学习上。存在的不足是，相关的视频学习库、试题库，南通理工学院图书馆也有订购，但推广力度不够，未能引起读者的重视。

休闲文献需求群体在学生和老师中均有分布。这类群体主要希望通过数字文献打发空闲时间，顺便充实精神世界，需求主要集中在数字图书和期刊上。目前，南通理工学院图书馆订购有京东阅读校园版，受到了师生的欢迎。使用京东阅读校园版进行阅读的师生与日俱增。存在的不足是，京东阅读校园版图书总量有限，覆盖范围有限，不能充分满足师生的需要。同时，推广的力度和宣传的方式还需要进一步加强。

（三）按利用时间分

按照利用时间可以分为工作日读者、周末读者和假期读者。工作日读者以学生为主体，尤其以低年级的学生为主体，存在明显的峰谷期。一般大课间和餐点前后是进馆、离馆的高峰期。晚上6点至8点半的在馆人数要高于其他时段。周末读者以校外读者、教师和高年级学生为主。前两者是因为只有周末空闲时间比较充足，后者多是因为考研、考公时间比较紧张，需要争分夺秒。假期读者以线上读者为主，因为假期南通理工学院图书馆一般不对外开放，有需要的读者只能通过线上资源满足自身需求。

（四）读者画像

通过对读者群体进行细分，不难发现南通理工学院图书馆的读者群体具有以下特点：

1. 读者基数大，具有较广阔的市场空间和较大的挖掘潜力。目前，在校师生总人数已超过1.6万人。按照学校的规划，3年左右师生总人数将超过2.5万人。按照15%的市场占有率计算，高峰期的在馆人数可以达到3750

人。这个人数基本上可以让南通理工学院两个图书馆（一个为校本部刚建的新馆）的上座率达到70%以上，基本上会给人满满当当的感觉。

2. 读者需求差异明显。不同身份、不同时段、不同目的的读者需求差异很明显。这为南通理工学院图书馆开发差异化服务提供了良好的基础。比如，针对大四学生提供预约式的专题培训，针对教职工开展上门式的文献利用讲座，针对学校高层提供主动的文献概述和文献推送服务等。

3. 读者需求量很大。通过细分可以发现读者对图书馆的期待不是在减少，而是在增加，只是因为缺乏了解和沟通，才让他们渐渐疏远了图书馆。以中国知网为例，检索总量和下载总量逐年增高。中国知网的利用率高有两个原因：一个是教师懂得中国知网的用法，有使用中国知网的习惯，并会提醒自己指导的毕业生使用中国知网。另一个是使用中国知网是图书馆开设的文献检索课讲授的核心内容之一。

4. 读者很迷茫，需要引导。读者的迷茫表现在：不清楚图书馆有什么，不知道自己要什么，不知道怎么获取自己想要的。不清楚图书馆有什么和不知道自己要什么在低年级的学生身上体现得最为明显。他们中间不缺乏喜欢读书的学生，所以常常可以看见在书库里穿梭、转悠的新生。慢慢地就越来越少。一个很重要的原因就是面对浩如烟海的书库，他们难以确定目标，久而久之就放弃了。不清楚图书馆有什么和不知道怎么获取自己想要的，以高年级学生和新教师为主。以应用文献获取为例，如果图书馆能积极开展百度文库校园版的推广普及活动，让更多的读者掌握其使用方法，读者会不欢迎吗？

二、图书馆自身

南通理工学院图书馆想要更好地认识自己，就需要借助SWOT分析法，对自己进行立体的分析，以便为后期的策略制定奠定基础。

（一）优势

南通理工学院图书馆的优势主要集中在人员队伍稳定、文献资源数量多、馆舍条件较好、高层领导较为支持、师生对图书馆利用率较高、信息化建设步伐较快等方面。

1．人员队伍稳定。相对于有些部门人员流动较大的情况，南通理工学院图书馆人员较为稳定。自2005年9月，南通理工学院图书馆作为部门独立设置以来，馆内员工总体保持稳定。本部图书馆中有6位馆员的工作年限在13年以上，剩下的都在3年以上。成立于2016年的海安校区图书馆，除了两位刚加盟的新馆员外，其余馆员的工作年限都在3年以上。这种稳定性对保持图书馆工作的持续性、文化氛围的构建和团队的凝集力具有积极的意义。

2．文献资源数量多。南通理工学院图书馆的馆藏资源虽然不能和资金雄厚的公办本科高校图书馆相比，但在同类院校中也处于较为领先的位置。目前，南通理工学院图书馆拥有馆藏纸质图书126.97万册（参见2018—2020年间南通理工学院图书馆纸质图书购置情况一览表）、纸质期刊1539种、中文电子图书135万种（超星电子书110万种、京东阅读25万种）、外文电子图书56万种（BKS博图外文原版电子书），拥有中国知网、超星数字图书馆、京东数字图书数据库、畅想之星光盘数据库、BKS外文原版电子书数据库、中科考试学习资源数据库等13个数据库的使用权。

2018—2020年间南通理工学院图书馆纸质图书购置情况一览表

序号	时间点	纸质图书总量（万册）	在校学生数	生均册数	新增图书数（万册）	生均年进书量（册）
1	2020.10.12	126.97	15851	80.1	25.77	16.3
2	2019.12.31	101.20	13557	74.6	9.10	6.7
3	2018.12.31	92.10	11499	80.6	13.89	12.1

3．馆舍条件较好。目前，南通理工学院图书馆拥有两栋独立馆舍，总面积超过1.80万平方米，阅览座位近2000个。南通校区一栋高达19层的新图书馆正在建设之中，预计将在2022年国庆后投入使用。新建设的图书馆拥有座位超4000个，集阅览、馆藏、研讨、休闲、会议、朗读、展览等众多功能于一体，将极大改善现有的馆舍条件。参见下面南通理工学院图书馆新馆效果图。

南通理工学院图书馆新馆效果图

4．高层领导较为支持。学校高层对图书馆的发展和建设较为支持，主要体现在三个方面：一是着眼长远，建设新馆舍。对于现有的馆舍而言，也能够满足师生阅览的需求。学校高层着眼长远，为了进一步提升阅读条件，为师生营造更理想的学习氛围，投资2亿元建设新图书馆，并要求将新馆舍打造成学校信息化水平最高的建筑。二是经费保障，确保馆藏建设。学校高层对于图书馆的馆藏建设有两个要求：一要达标，二要高质量。为了确保这两个要求的实现，学校高层每年在经费预算上都给予充分的保障。三是在干部配备上予以重视。对于图书馆的负责人，学校高层一向坚持由精通业务的专业人士担任，并在政治上予以重视。

5．师生对图书馆利用率较高。在南通理工学院图书馆的积极宣传引导和各二级学院的支持下，纸质图书的借阅册数、到馆总次数和电子文献下载量都呈逐步增长态势。如南通理工学院图书馆2018—2020年间馆藏利用情况一览表所示，纸质图书流通量和到馆次数呈明显增长势头，特别是2019年纸质图书的流通量相比2018年增长了近1倍。

南通理工学院图书馆2018—2020年间馆藏利用情况一览表

序号	年度	图书流通量（册）	到馆总次数	电子资源下载量（篇）
1	2020	39910	70682	173657
2	2019	213270	323817	159535
3	2018	123604	224974	52733

6. 信息化建设较为扎实。南通理工学院图书馆自2005年就采用汇文自动化管理系统，实现了对书刊采购、编目加工、典藏流通、书目查询、信息检索、信息推送等全流程的信息化管理，属于校内较早使用信息化系统进行业务管理的部门。2019年暑假，南通理工学院图书馆对原有的门禁系统进行了升级，采用四通道双向智能识别系统验证身份，告别了采用一卡通验证身份的时代，向智慧图书馆又迈进了一大步。升级后的智能识别系统只需0.1秒就可以识别读者身份，不仅解决了读者忘带证件的烦恼，避免出现冒用他人证件的隐患，提高了门禁通行效率，更为图书馆进行综合统计和数据挖掘奠定了基础。2020年暑假，南通理工学院图书馆还上线了智慧图书0馆检索平台，实现了对多个馆藏数据库的跨平台检索，实现了纸质文献和数字文献的一站式检索，实现了校内、校外访问一站通达。南通理工学院图书馆还可以通过智慧图书馆实现对订购数据库使用情况的第三方统计和评估，为数据库性价比的评价提供数据支撑。同时，南通理工学院图书馆还积极使用微博、微信公众号、抖音等新媒体，向读者推送信息和接受读者咨询。目前，南通理工学院图书馆的微信公众号关注人数近万人，每学年发布推文上百篇，属于校内影响力较大的公众号之一。另外，南通理工学院图书馆还积极发挥微信群、QQ群、问卷星等多种工具的作用，不断提高工作效率。

（二）劣势

南通理工学院图书馆的劣势主要体现在思想认识比较保守、人才队伍专业能力偏弱、管理系统融合程度不够、阅读评价激励体系有待建立等方面。

1. 思想认识比较保守。南通理工学院图书馆思想认识比较保守，主要体现在三个层次。一是主管领导对图书馆的期望还可以再高一些，支持力度可以再大一些。要在保证正常运转的基础上，鼓励他们挖掘更大的潜力，开发更多的服务，不断提升图书馆自身的影响力，吸引更多的人走进图书馆、利用图书馆。二是图书馆的管理层主动性可以再强一些。积极谋划新方案，开发新服务，将营销摆到重要的议程上，积极调动馆员的主动性和能动性，充分整合各方资源，为图书馆的高质量发展服务。三是馆员的主人翁意识可以再浓一些。馆员们要将"有为有位""馆兴我兴"外化到行动中去，提高担当意识；主动学习，不断思考，积极建言献策，提高问题意识；忠于职守，不断提高服务能力，做到守土有责，提高责任意识。

2．人才队伍专业能力偏弱。南通理工学院图书馆馆员的专业、职称和学历结构都不理想，影响着服务能力的快速提升。目前，只有个别馆员所学专业属于图书信息类专业，大部分馆员属于半路出家的非专业人士。职称结构中初级职称和中级职称占绝大多数，高级职称屈指可数。硕士学位是当前馆员学历中最高的学位，占比不高。其余多为本科学位，还有部分大专学历的馆员。这些情况都对图书馆开展专业化、高质量的服务造成了现实的障碍。

3．管理系统融合程度不够。南通理工学院图书馆目前纸质文献管理使用的是汇文管理系统，数字资源管理使用的是图新管理系统，门禁管理是基于电信提供的管理系统。这几个管理系统之间有一定的数据对接，但维度不够，流畅度不高，不能及时准确地反映实际情况，存在数据延迟等情况。这说明图书馆管理系统的融合程度需要进一步提升，以便为更高程度的信息化服务，以提高图书馆的管理水平和服务效率。

4．阅读评价激励体系有待建立。南通理工学院图书馆目前激励读者的主要策略是通过评比优秀读者、书香学士、书香硕士、文心博士等荣誉方式进行，并通过书香留痕、办理纪念徽章和拍摄宣传短片强化这种激励。这种形式收到了一定的效果，但毕竟影响范围有限，可以获得相关荣誉的人数是有限的。想要激励更多的读者，乃至所有读者，就需要建立一套科学、高效的评价激励体系，让每一个读者都能找到自己的位置和目标。

（三）机遇

在信息技术快速发展和学校加快高质量发展的当下，南通理工学院图书馆面临的机遇主要有以下几个方面：

1．学校高质量发展带来的机遇。南通理工学院在"十四五"规划中要走提升内涵、注重规模的高质量发展之路，并将争取硕士学位授权点建设作为自己的长期目标。这就意味着学校要在师资建设、教学科研、基础建设、服务管理等多个方面加大投入，提高要求。作为教学科研的支撑保障单位和基础建设的主要单位之一的图书馆同样面临着充实内涵、加强基础设施建设和提升管理服务水平的重要机遇期。南通理工学院图书馆要从队伍建设、馆舍条件改善、内部环境优化、信息化建设、制度建设等方面积极挖掘需要补齐的短板，乘势而为。

2.师生人数快速增长带来的机遇。按照目前每年新生和新教师增长的速度和学校的规划，预计3年左右，学校的总人数会在现有的基础上增加50%，达到2.5万人。这意味着图书馆潜在的读书数量得到迅速增长，将有更大的市场开拓空间。如何把握这个机遇，充分利用增量带来的利好，将图书馆的忠实读者群体做大、做优，是图书馆需要深入思考和研究的问题。

3.馆舍环境快速改善带来的机遇。随着2022年暑假后新图书馆的投入使用，新图书馆将净增近3000个阅览座位，阅览环境和办公条件也将极大地改善。处于中心位置的新图书馆将以其高度和现代化吸引更多关注的目光。这些都为图书馆开展营销推广活动奠定了坚实的基础。

4.技术快速发展带来的机遇。大数据技术的发展有助于图书馆更细致地分析和抓取读者的阅读倾向和行为特征，制定更有针对性的推广方案。5G网络的普及和应用将进一步提升读者使用相关数字资源的体验。人脸识别和人工智能将有助于提升图书馆管理的效率和维度。定向感知和扩音技术将为图书馆打造更加智能化的阅览空间。不断发展的新技术可能会大大提高门禁管理、行为识别、阅读评价、文献共享、灯光控制、身份授权、安全监控等方面信息化水平，并为图书馆高质量的服务创造更有利的技术条件。

5.思想观念转变带来的机遇。随着我国综合国力的提升和人民生活条件的不断改善，一些思想观念也在逐步转变。这种转变在青年人身上表现得尤为明显，比如，个性更加突出，需求更加多元化，期待值更高等。这种需求就是图书馆提升服务的机遇。例如，学生对没有空调的阅览室意见很大。图书馆立刻如实向学校汇报，并得到重视和支持，很快就加装了空调设备，改善了阅览环境。随着阅览人数的增加，学生反映开水机数量偏少，于是图书馆积极申请，增加了开水机的数量，优化了摆放位置。这种思想的转变不仅体现在读者身上，年轻的馆员也经常换位思考，从读者的角度想想他们的需求。这些转变都是图书馆不断发展的重要基础。

（四）挑战

机遇与挑战是一体两面。南通理工学院图书馆在发展的过程中也面临诸多挑战，主要表现在以下几个方面：

1. 学校的快速发展对图书馆的发展速度提出了挑战。学校的快速发展是可喜可贺的好事，在为图书馆的发展创造机遇的同时，对图书馆各项能力和管理水平提出了更高的要求。图书馆能否准确理解这些要求，制订切实的行动计划，并在实际工作中逐项落实是面临的首要挑战。其次，图书馆能否自觉地将自己的目标统一到学校的目标中去，并激发和保持足够的动能，跟上学校的发展速度，是面临的另一个挑战。比如，学校的内涵式发展必然对教师的科研工作提出更高的要求，图书馆能否提供足够的资源支撑，能否提供包括课题查新、文献查引和定题服务等内容在内的专业文献服务，节省教师获取文献的时间，提高他们的工作效率。

2. 快速增长的读者群体对图书馆的队伍建设提出了挑战。快速增长的读者群体固然为图书馆开拓市场奠定了基础，但图书馆是否具备接待更大规模读者群体的能力，对各种突发事件是否有心理准备和应对方案。常言说：人一过百，千奇百怪。各种形形色色的现象都会出现。更何况未来的增长数量不是百计，而是千计，乃至数千计。以目前馆员队伍的数量和认识恐怕将面临不小的挑战。

3. 不断增加的新技术对馆员的能力提出了挑战。不断增加的新技术确实将提高图书馆的管理效率和运行效率，但也意味着更高的要求。虽然相应的技术都有专业的厂商给予支持，不要求馆员知其所以然，但常规的应用，简单的故障排除能力和现场应变能力还是需要具备的。比如，智能门锁的授权管理是每一个当值的馆员应该掌握的额外内容。智能通道的访客授权也是如此。读者网络荐购功能的入口和操作方法，馆员不仅要熟练掌握，还要积极推荐。每一种应用都意味着新的学习、理解和掌握。这种不断增长的变化，对馆员们，特别是那些习惯稳定、思想保守、接受新知识能力较弱的馆员来说都是挑战。

4. 馆舍的改善和个性化需求对图书馆的营销能力提出了挑战。新的馆舍固然改善了图书馆的阅览和办公环境，但更广的空间、更多的阅览座位、更大的投资意味着更高的期待和要求。原来600人可能就让图书馆的阅览区显得很充实。以新馆的规模，估计1600人可能都不能让阅览区充实起来。这对图书馆的营销能力来说是一个巨大的挑战。随着更多新生代读者的入馆，更多元的要求也考验着图书馆的应对和解决能力。

三、服务（产品）

南通理工学院图书馆目前提供的服务主要有九项：纸质图书借阅、自主阅览服务、座位预约服务、线上咨询服务、读者荐购服务、新生入馆教育、文献检索培训、数字资源使用培训、展览展示。

（一）纸质图书借阅服务

纸质图书借阅服务是南通理工学院图书馆主要服务之一，但受电子阅读普及化和短视频的影响，年借阅量呈下降的趋势。即使如此，每年仍能保持10万册以上的借阅量。2020—2021学年，图书馆的借阅量为10.3万册。由此可见，纸质图书借阅服务还是有较为扎实的市场需求的。在与学生读者交流时，曾问及他们借阅纸质图书的原因。概括起来主要有五个方面的原因：一是找不到相应的电子书。二是纸质书读起来更有读书学习的感觉。三是读纸质书容易专心，而阅读电子书常常会被弹窗和其他消息分散注意力。四是对视力伤害小。五是纸质书更方便摘抄和激发灵感。因此，阅读纸质图书有着电子图书无法取代的积极意义。这也是图书馆要将纸质图书借阅服务做好的动力。纸质图书借阅是可以细分的。根据读者的需要可以分为专业图书借阅、休闲图书借阅、考级图书借阅和技能提升借阅。根据不同的需求，可以提供差别化的引导和咨询服务，乃至提供个性化的预约服务。

（二）自主阅览服务

自主阅览服务是指为读者在馆内阅读、自修或休闲提供良好的环境保障和氛围营造。自主阅览服务是南通理工学院图书馆另一项重要的服务。自主阅览服务随着学风的不断向好，需求的读者人数不断增加，有时竟然出现了一座难求的情况。近些年到馆人次不断增加，2018年是22.49万人次，2019年是32.38万人次。2020年下降到7.06万人次。2020—2021学年，到馆32.15万人次。由此可见，南通理工学院图书馆的自主阅览服务有着旺盛的市场需求。在这众多需求中，还是有差异性的，值得进行细分。例如，有的阅览以休闲为主，就是想找一个地方静一静、坐一坐，乃至睡一觉；有的阅读以学习为主，就是为了集中精力、抓紧时间，复习冲刺；有的阅览以交流为主，是为了寻找一个优雅的环境，交流感情；有的阅览以背诵为主，需要出声朗读。这些需求的差异性有时会呈现对抗性矛盾。比如，休闲的和长期学习的就会有冲突。前者来的时间不固定，停留的时间长短也不固定，希望来了就有合适的位子，讨厌那些占位子的行为。后者复习资料比较多，带来带去不方便，希望能长期使用某个位子，以节约寻找空位的时间。他们的需求都有一定的合理性，如何差异化满足，值得思考和研究。

（三）座位预约服务

座位预约服务是南通理工学院图书馆基于学习通平台开发的一款旨在提高座位利用率的服务项目。座位预约服务可以实现对某一个座位某个时段的预约。每次最多可预约三个时段。具体还包括选座、签到、暂离、退座和监督等功能。选座分预约选座、快速选座和现场扫码选座三个类型，读者可以根据自己的需要选择相应的类型。签到是指对使用行为的确认，需要通过手机完成。暂离是指因为有事暂时离开，避免工作人员或其他读者以为是不恰当的占座行为，可以使用该功能，在系统中备注一下可以离开20分钟。退座是指提前结束座位使用，可以在系统中选择中止使用，以便腾出资源。监督是指可以通过系统举报不正当的占座行为。预约系统中有违约次数限制，一旦超过违约次数，一周内就不能再使用座位预约系统。因为某些原因，该项功能还未大规模推广使用，但随着座位资源的日渐紧张，就需要正式启用该服务。

（四）线上咨询服务

线上咨询服务是指南通理工学院图书馆通过QQ群、微信群、微信公众号或其他通信软件回答读者的咨询，提供合适的解决方案的服务。目前，这项服务做到了有问必答，只是在应答速度上还应加强。同时，需要凝练读者常问的问题，分类汇总，形成自动应答机制。也可以考虑增加智能应答工具，提高图书馆在线咨询服务的效率。

（五）读者荐购服务

目前，南通理工学院图书馆的读者荐购服务主要通过三种渠道完成。一种是汇文管理系统自带的荐购工具，读者使用自己的账号登录后就可以进行荐购。第二种是读者可以直接到采编部或流通部提交荐购信息。第三种是部门或者学院可以统一反馈荐购信息。这三种荐购方式各有利弊，还不能很好地满足读者的荐购需求。厦门大学图书馆今年的一些荐购方式值得借鉴。它采用类似"你买书，我付款"的方式，让读者直接到指定的网站购书，经过馆员审核后，就直接将新书邮寄给读者。读者看完后，再归还入库即可。这种方式相对于传统的方式，不仅提高了读者获取图书的效率，也有助于提高他们荐购图书的积极性。

（六）新生入馆教育

南通理工学院图书馆会在新生入学初期开展入馆教育，主要是帮助他们理清四个问题：一是为什么读书，二是读书的正确姿势是怎样的，三是图书馆有什么，四是怎样获得图书馆的奖励。这种先入为主的引导式教育，对于引导新生走进图书馆、亲近书香具有积极的意义。

（七）文献检索培训

文献检索培训是南通理工学院图书馆面向大三学生开设的公共必修课，有16课时，旨在向他们宣传阅读的意义、文献查找的方式、信息处理的思路、数据整理的技巧和常见的数据库及文献工具的使用方法等。其对于他们即将步入大四进行毕业论文（设计）撰写大有帮助，也是宣传图书馆的重要平台。

（八）数字资源使用培训

数字资源使用培训主要是指南通理工学院图书馆开展的面向一线老师的，关于图书馆已订购的数字资源的介绍、使用方法的宣传、使用技巧的演示及相关数据处理技巧的交流等。其旨在密切图书馆和老师之间的关系，加深彼此的了解。这些活动目前开展了一些，但在频次和范围上还有待提高。

（九）展览展示

展览展示是指南通理工学院图书馆与相关的艺术专业合作，在馆内举办一些学生设计作品展、书画展、摄影展等，以营造图书馆的文化氛围。由于场地有限，目前的展览略显拥挤，相信新馆建成之后，会得到大大的改善。

四、关系

（一）内部关系

内部关系可以从思想认识、组织架构和资源分配等方面观察。

1. 思想认识。南通理工学院图书馆在学校中处于各方面相对落后的部门。这种地位很容易滋生一种不良的工作氛围。营销是和这个氛围背道而驰的。这种氛围的形成有以下三个方面的原因：一是对图书馆服务的价值没有正确的认知。在一些人看来，图书馆的服务就是借书、还书，没有什么技术含量，认为这种工作只要识字的人稍微培训一下就可以胜任。因此，将自己的智慧、才华和热情浪费到这种服务上不仅没有必要，最好的办法莫过于消极怠工，乃至逃避，这样才能显示自己额外的能力。二是营销的观念还未普及。三是以读者为中心的价值观念还未树立。树立以读者为中心的价值观念需要不断地将服务的价值传递给目标顾客。服务的价值往往是隐藏的、不易察觉的，是需要识别的，需要馆员们积极地、通俗生动地向目标读者传递，在赢得他们认可的同时，强化馆员的自我认同。树立以读者为中心的价值观念需要认真地对目标读者进行调研分析。目前，南通理工学院图书馆对读者调研分析的潜力还有待挖掘。

2. 组织架构。思想认识到位了，还需要合理的组织架构，才能保证将认识落到实处。南通理工学院图书馆目前设有流通部、采编部、信息技术部等业务科室。其好处是：便于业务集中，有助于提高工作效率；其弊端是：导致彼此以邻为壑，造成信息人为割裂，个体主动性和创造力下降，工作碎片化，对竞争和改变缺乏敏感性。

3. 资源分配。资源分配主要包括经费预算、考核倾斜、晋升评优、补贴调休等。目前，南通理工学院图书馆的经费预算主要以纸质文献采购费和数字文献采购费为主，外加少量的读书宣传费用和设备采购费，还不能有效地支撑大型营销活动和高频次营销活动的开展。考核倾斜还是按照学校的要求按部门人数划分优秀比例、存在轮流坐庄的情况，激发整体活力的作用有限。职称晋升主要看科研，目前多数馆员已达到中级职称，缺少继续奋斗的动力。职位晋升几乎停滞。

（二）外部关系

外部关系主要是指南通理工学院图书馆与高层、中层、读者和合作方的关系。

1. 高层关系。目前，高层对图书馆的建设比较重视，关注点主要集中在馆舍建设和纸质文献数量上，对图书馆的人力资源建设、系统化集成、服务项目拓展和服务质量提升的关注度不高，对图书馆的营销推广兴趣不高。

2. 中层关系。目前，中层对图书馆的认识多是不会对其他部门提考核要求，或者下达任务，也不存在竞争关系，彼此相处比较和谐。只有在科研文献查找、论文查重、书刊订阅时才会想起图书馆。二级学院对图书馆的认知多为"学生上自习的场所之一"、一个可以借书的地方。

3. 读者关系。相比同类院校，南通理工学院图书馆的到馆人次较多，受读者的关注度较高，对图书馆的开放时间、阅览条件、设施设备均有不同程度的要求，总体满意度较高。读者关注的视角多为座位的多少、书刊的新旧和环境的冷暖，对图书馆深层次的服务和其他项目的服务缺乏了解和认识。

4. 合作方关系。相比兄弟院校，合作方认为南通理工学院图书馆的要求更为苛刻，但公平透明，会给出明确的方向和指标，更注重资源的使用效果和性价比。南通理工学院图书馆对价格控制比较严格，常以低于兄弟院校的采购标准为目标。

（三）分众识别

南通理工学院图书馆的分众识别可以从差异化服务、多模式合作、多元化营销等方面进行分析。

1. 差异化服务。南通理工学院图书馆通过座谈、调研的方式，了解了读者的一些需要，也做了一些探索性的服务和激励，比如，根据读者借阅和到馆情况，评定优秀读者、书香学士、文心博士等，并赋予不同的权限。为准备考研考公和需要朗读的读者开辟专门的空间等。但力度和广度还有较大的提升空间。

2. 多模式合作。在多模式合作上，南通理工学院图书馆正在探索之中，目前主要推出的是豆浆饮料机的合作。供应商提供设备、原料和包装等，图书馆提供场地、电源和网络。共享充电宝也是类似模式。总体合作项目有限，还有广阔的开发空间。

3. 多元化营销。南通理工学院图书馆是学校内多元化营销较为积极的部门，有自己的公众号、微信群等，还善于利用橱窗、横幅、展板、海报、座谈会等方式宣传自己，但人力资源有限。若没有主管领导的重视和专业人员的支持，营销宣传工作估计很难持续。

（四）互动方法

目前，南通理工学院图书馆的互动方法主要通过现场互动、公众号互动、座谈会互动、问卷调查、QQ群和微信群互动等方式进行，多以被动式互动为主。虽然有在线互动的方式，但即时性、全面性和可持续性都有提升的空间。现场互动也有，但频率、主动性和专业性都有提升的空间。

六、资源

南通理工学院图书馆的资源可以从四个方面进行梳理，分别是文献资源、人力资源、媒介资源和潜在资源。

（一）文献资源

文献资源主要包括纸质图书、纸质期刊报纸、数字图书、数字期刊和其他数字资源。

1. 纸质图书。截至2020年10月，南通理工学院图书馆拥有纸质图书126.97万册，覆盖政治、经济、工程技术、文学、艺术等多个学科门类，已初步形成以理工科为主，多学科协调增长的纸质文献建设体系。每年新购图书维持在4万册以上，除保障学科专业发展外，还积极购置畅销类、考试考级类图书，能基本满足读者的阅读需求。在读者个性化需求满足方面还有提升空间，荐购图书的渠道和方式还有积极学习和探索的空间。

2．纸质期刊报纸。目前，南通理工学院图书馆订阅各类纸质期刊1539种，以专业期刊为主，同时兼顾文学、心理、美容、养生等休闲类期刊和军事、时政、摄影等新闻爱好类期刊。纸质报纸65种，主要为新闻类、时政类报纸。目前，纸质期刊阅读率比较低，尤以专业类期刊最为突出。纸质报纸阅读率更低，几乎无人问津。

3．数字图书。目前，南通理工学院图书馆拥有超星数字图书（110万种）、京东阅读校园版（30多万种）、BKS博图外文原版电子书（56万种）等上百万种数字图书资源。其中：京东阅读校园版的使用频次较高，累计阅读册数已超过5500册，阅读总时长也超过了7248小时。BKS博图外文原版电子书利用率较低，主要用于弥补外文资源的不足。

4．数字期刊。目前，南通理工学院图书馆拥有中国知网期刊库、超星期刊库等期刊资源。电子期刊总量已超过上万种。中国知网期刊库是利用率最高的期刊库，因为价格还有一些专业期刊未能订阅，但可以通过其他方式弥补和获取。

5．其他数字资源。目前，南通理工学院图书馆还拥有百度文库高校版、中科考试数据库、畅想之星光盘数据库、橙艺·艺术美育数字图书馆、worldlib在线文献服务平台和南通市科技文献共享平台等数据库和共享平台的使用权，能较好地满足读者多样化的文献需求。

（二）人力资源

南通理工学院图书馆的人力资源主要包括三块，分别是馆员、勤工俭学学生和学生社团。

1．馆员。馆员是南通理工学院图书馆人力资源的主体部分，肩负着文献采购、加工、典藏、流通，环境、卫生和秩序的维护，对外宣传、交流，数字资源维护、推广，读者培训和引导，全校文献检索课授课等任务。目前，馆员队伍总体保持稳定，但数量严重不足，专业能力和素养还有较大的提升空间。

2．勤工俭学学生。勤工俭学学生是南通理工学院图书馆人力资源的重要补充力量之一，肩负着协助馆员上架、加工图书、文献流通、打扫卫生、纸质书刊简单加工等任务。根据学校经费预算和图书馆需求按学期配备，数量偏少。因工作强度大和工作时间长，流动性比较大。

3. 学生社团。青年志愿者协会、文学社和大学生志愿讲解团是图书馆人力资源的又一补充。青年志愿者协会最为积极，肩负着秩序维护、突击任务、卫生打扫、环境维护等任务。文学社作为图书馆的下属社团，协助图书馆开展读书节等宣传活动。大学生志愿讲解团主要承担了各展馆的讲解任务和一些宣传工作。学生社团是最有潜力的资源。

（三）媒介资源

南通理工学院图书馆的媒介资源主要包括网站、微信公众号、宣传栏和各个科室的广告版等。利用率最高和覆盖范围最广的是图书馆的微信公众号。图书馆的宣传栏也是效率最高的媒介资源。

（四）潜在资源

南通理工学院图书馆潜在的资源主要包括三类，即领导资源、教师资源和合作方资源。

1. 领导资源。领导资源是指图书馆需要充分提高主管校领导和学校高层对图书馆的认知，不断丰富和拓展他们发挥图书馆作用的信心和决心，以争取更大的人、财、物的投入。同样，也需要积极争取兄弟部门领导对图书馆工作的理解和支持，提高他们宣传图书馆、利用图书馆的热情。

2. 教师资源。教师资源是指图书馆要充分发现教职工中有特长、有热情承担一定志愿服务工作的老师。将他们的特长爱好通过图书馆的相关平台发挥出来，比如，真人图书馆、阅读小组指导老师、相关活动的评委、志愿宣传员和阅读代言人等。

3. 合作方资源。南通理工学院图书馆要充分在合作方中挖掘潜力，特别要发挥他们在宣传、物资保障、奖品奖金赞助等方面的积极性，为活动的开展提供更多的支撑。

第三节　南通理工学院图书馆的发展策略

一、定位

经过第二节的全面分析，可以看出南通理工学院图书馆在新的形势下是机遇与挑战并存，优势和劣势同在；想要抓住机遇，战胜挑战，化劣势为优势，首先需要明确自身的定位。从已有的定义"高等学校图书馆是学校的文献信息资源中心，是为人才培养和科学研究服务的学术性机构，是学校信息化建设的重要组成部分，是校园文化和社会文化建设的重要基地"中可以看出，高校图书馆是文献信息资源中心、学术型机构和文化基地，但给人的感觉还是比较模糊。因此，南通理工学院图书馆需要结合实际进一步细化定位，可以从角色定位、馆藏定位、读者定位等方面去细化。

（一）角色定位

1. 文献资源的提供者。文献资源的提供者是南通理工学院图书馆传统职能和核心职能之一，意味着图书馆应该提供丰富、充足的文献资源，并便于读者及时、便捷地获取。

2. 品质环境的保证者。品质环境的保证者也是南通理工学院图书馆的核心职能之一，意味着图书馆应该创造高品质的、现代化的、多风格的阅览环境，以满足读者的差异化需要。

3. 阅读方向的引领者。阅读方向的引领者在南通理工学院图书馆传统职能中也有体现，但不够突出。在知识信息爆炸式增长的时代，图书馆应突出这个职能，帮助读者梳理阅读的方向。

4. 文化传播的推动者。文化传播的推动者在南通理工学院图书馆传统职能中涉及较少，主要以画展和摄影展为主。图书馆需要通过专题讲座、阅读活动等形式进一步丰富这个维度。

5. 思想碰撞的推动者。思想碰撞的推动者在南通理工学院图书馆传统职能中还没有涉及，应作为今后努力的一个方向，可以通过研讨会、论坛、朗诵会、辩论会、话剧展示等形式去实践。

（二）馆藏定位

南通理工学院图书馆未来的馆藏定位应以数字资源为主，纸质文献重在满足学科专业发展的需要和购置畅销书刊上，以提高文献的利用率为导向，主导文献资源建设工作，在追求多元化的基础上，不断提高性价比。纸质文献的数量应该控制在200万册左右，以新书种类的覆盖面和更新度为主要目标。数字资源以访问量、下载量为评价指标，重在提高性价比。

（三）服务定位

南通理工学院图书馆可以把服务好优质读者、吸引边缘读者、辐射潜在读者作为服务定位。服务好优质读者就是指要积极了解使用图书馆频次高的读者的需求，以满足他们的需求为首要目标。吸引边缘读者是指积极宣传优质读者的阅读行为和事迹，为那些左右徘徊的读者树立学习的榜样，进而吸引更多的读者利用图书馆。辐射潜在读者是指通过氛围营造和多样化的服务为潜在的读者创造到图书馆的理由，激发他们利用图书馆的欲望，实现图书馆核心利用指标逐年增长，比如，到馆次数、在馆时长、借阅册数、在线阅读时长、数字资源访问量等。

二、原则

（一）坚持党的领导

党的领导不仅要体现在学习、贯彻上，更要体现在业务、宣传和氛围营造上。在政治业务学习中，既要深化业务的学习，更要深化馆员们对党的理论、政策、方针的理解和认同，增强"四个自信"。在业务工作中，也要自觉体现。在新书采购中，要主动采购与党建、思想政治建设相关的新书。要积极推送、宣传，把它们陈列在显眼的位置。在数据库采购中，也要积极考虑党建思政数据库的建设。

（二）坚持服务中心

南通理工学院图书馆的相关工作要围绕学校的中心工作展开，服务好这个中心，顺应大势的要求。这种服务要体现在文献采购的重点保障上、工作节奏的把握上、宣传方向的控制上、馆内资源的配备上。

（三）坚持需求导向

南通理工学院图书馆要坚持以读者的需求为导向，在调查、分析、研判读者特征上下功夫，力戒拍脑袋的作风，坚持不唯上、不唯书的精神，将读者满意度作为衡量工作成效的重要指标。

（四）坚持立体营销

南通理工学院图书馆要积极调动各方因素，在争取上级认同、统一内部认知、赢得师生信赖、反复凝聚共识、不断扩大影响、实现全员营销上下功夫。

三、策略

（一）服务策略：多维度提高服务品质

1．提高服务的响应速度。服务响应的速度主要体现在文献的获取速度、咨询的应答速度、管理的应答速度上。

提高文献的获取速度要从纸质文献和数字文献两个角度去考虑。影响纸质文献获取速度的原因主要有文献架位是否整齐有序、标识是否准确易懂、读者是否掌握方法、读者是否明确目标。架位是否整齐有序和标识是否准确、易懂属于管理问题。前者取决于馆员的责任心和维护的及时度，后者取决于图书馆的整体设计和规范。南通理工学院图书馆本部目前的书库分布受结构和承重的限制，在布局上容易让读者迷惑，但随着新馆的投入使用后，会大大改善这个问题。需要注意的是：在读者必经的线路上，应给予明确的指示。一些大型医院的地面引导线也值得借鉴和参考。读者是否掌握方法和读者是否明确目标属于培训引导问题。前者取决于入馆教育和相关检索活动开展的深度，后者取决于推荐书目和畅销图书的陈列位置。南通理工学院图书馆应继续做好阅读书目推荐工作，争取在以往推荐书目的基础上形成汇编本，供学生按图索骥。影响数字文献获取速度的主要有数字资源的覆盖度、读者的知晓度和读者是否掌握方法。数字资源的覆盖度主要包括内容的覆盖度和使用范围的覆盖度。前者取决于数字资源订购的种类，后者取决于校园网络建设的情况。目前，南通理工学院图书馆数字资源订购的种类还有提升的空间，校园网络建设的覆盖面还有优化的空间，这些都是努力的方向。读者的知晓度和读者是否掌握方法属于图书馆的宣传培训问题，这也是需要继续深入推进的地方。

咨询的应答速度主要取决于馆员的职业精神、知识储备和职责分工。虽然咨询有线上和线下之分，但应答者还是馆员。他们的责任心、忠诚度、荣誉感都会影响应答的速度。即使是线下咨询，有职业精神的馆员会尽可能快地帮助读者寻找答案，而缺乏职业精神的馆员可能会采取拖延、推诿等方法耽误读者获取信息的时间。知识储备是影响咨询应答速度的另一个关键原因。这里的知识储备既包括专业的知识储备，比如，文献的分类及排列方法、检索方法、使用技巧等；也包括心理学、教育学等方面的知识。前者可以帮助读者快速解决问题，后者有助于准确地识别读者的真正需求。职责分工是影响咨询应答速度的重要原因。对于没有明确职责归宿的事，全靠自觉和心情，自然会影响应答的效率。

2. 拓展服务内容的深度。内容深度的拓展可以从延展度、持续性、概括度等方面着手。延展度是指在已有服务的基础上，拓展其服务外延或提供相关服务。比如，根据读者图书借阅情况发掘其爱好倾向，推荐相关书目。为不同年级、不同专业的学生提供差异化的推荐书目等，都属于扩充图书借阅服务的延展度。持续性主要是指根据读者特征提供持续化的信息服务，比如，提供定时提醒服务、阅读打卡服务等，帮助读者订立目标，建立一个较为稳定的行为监督和激励。概括度主要是指帮助读者完成文献的深度加工，或为读者的阅读行为画像。前者可用于专题检索或定题检索服务，后者可为毕业生提供大学阅读留念证书，以记录青春。

（二）馆舍建设策略：持续推进环境改造

随着人们生活水平的提高，新生代对环境的要求也在不断提高。南通理工学院图书馆可以从舒适度、潮流、实用性和个性化等方面不断改善阅览环境，以吸引更多的读者走进图书馆。

1. 舒适度。舒适度的提升可以从温度、光照、色彩、设施适应性等方面入手。比如，为阅览室配备中央空调，保证适宜的温度和空气清新度。

根据功能不同，用安静温馨的色彩进行功能区分。使用格调一致的座椅书架，保证阅览空间风格的一致性。采购阅览座椅和经常使用的馆内设施时注意人体工程力学参数的要求，保证质量和舒适性相协调。

2. 潮流。馆内环境的风格可以适当调整，积极拓展一些紧跟潮流，乃至引领风尚的区域，避免一成不变、千篇一律。比如，可以打造一些漫画风、二次元、韩流系、科幻风的小型空间，制造一些吸引年轻读者打卡关注的由头。

3. 实用性。环境的改善最终是为功能服务的，要立足实用性，积极拓展空间功能，满足多样化需求。比如，可以借助阅读亭的式样打造个人朗读区，满足读者背诵、朗读的需要。在大型阅览区设置电话亭，满足读者接打电话的需要。设置禁止使用电子设备的静心阅读区，给受电子设备困扰的读者一个排除干扰的学习环境。

4. 个性化。南通理工学院图书馆新馆空间充足，可以在满足读者个性化上下功夫。可以建设一些小空间的适合小范围交流研讨的主题式空间，也可以打造一些适合小组学习的预约式空间，还可以打造一些可以长期使用，自我布置的个人阅览空间，以满足个性化的需要。在个人阅览空间的建设中，可以充分考虑常用设备接口的预留，如电源、USB充电口、台灯、挂钩等。

（三）宣传策略一：持续改善图书馆形象

长期以来，图书馆留给人们的印象是静默的、清闲的、被动的、散漫的。图书馆要从主动服务高层、统一形象标识、善于发出声音等方面努力改变这种印象，塑造充满活力的和极具价值的积极形象。

1. 主动服务高层。要积极了解高层的信息需求，主动提供相应的文献概述和支撑文献，为他们决策和研究服务。要深入研究学校的发展规范和重点工作，提前预判图书馆可以发力的地方，早做谋划，主动思考、筹备、对接，要积极地将图书馆的发展与学校的发展统一起来，融入其中，成为不可或缺的一部分。

2. 统一形象标识。图书馆要有专属的LOGO、色彩和行为版式，即统一的视觉（VI）识别体系。图书馆要在馆员、馆舍、设施、信息发布等多个方面下功夫，将VI识别延伸到方方面面。比如，书标、架标、座签、通知栏和馆员的铭牌等都应该有图书馆的LOGO。

3. 善于发出声音。图书馆既要利用自己的新媒体平台、网站、橱窗、展板展示自己的形象，也应积极地在学校的媒体平台上传播自己的声音，要善于借力打力。比如，考研是学校和学生都重视的事情，图书馆要积极宣传为考研学生创造的氛围和提供的条件，积极报道考研成功的学生与图书馆的关系。

（四）宣传策略二：努力树立特色品牌

特色品牌具有一定的识别度，对于扩大宣传、建立稳定的读者期待具有积极的意义，可以从接受度、创新性和内涵等方面，不断提高影响力。

1. 接受度。特色品牌活动一定是拥有较为固定的接收群体的，因为可以满足他们每个方面的需求或期待。比如，评选文心博士项目，就为那些经常利用图书馆的学生提供了一个继续坚持的理由，可以在图书馆留下他们青春的印记，因为图书馆会为获得文心博士的同学制作一个铭牌，镶嵌在书库里的书架上，供学弟学妹们学习。评选文心博士的条件是一视同仁的，不看成绩，主要以到馆次数、借阅册数和获得书香学士的次数等可以量化的指标为依据。

2. 创新性。特色品牌活动想要持续获取影响力，就要不断创新、与时俱进，在继承优势的同时，不断突破。以文心博士项目为例：随着激励效果的不断显现，符合标准的人数将不断增加；要想更有效地体现其价值，就需要增加新的内容。可以将在馆时长、参加图书馆活动的次数等内容也纳入进去。同时，要为获得文心博士的同学制作更加精美的纪念章，制作专门的宣传视频，将他们的事迹展示在图书馆的宣传平台上。总之，要不断充实品牌活动的内涵，赋予其更多的意义和价值。

（五）宣传策略三：充分发挥新媒体作用

借助新媒体扩大图书馆的影响力，丰富信息推送的形式和营销手段，是新媒体时代的潮流，更是图书馆自身发展的需要。图书馆可以从平台广度、持续力、黏性、故事性等方面进行努力。

1. 平台广度。平台广度是指图书馆要善于利用多个新媒体平台发声，以覆盖更多的群体。比如，短视频的推送，可侧重于形象宣传、活动推广，在3分钟之内把故事讲清楚，覆盖喜欢刷短视频的中年人和青年人群体。微信公众号适合推送文章，可侧重于介绍数据库使用方法、检索技巧演示、新书推荐、优秀读者事迹展示等，覆盖喜欢阅读的读者群体。微博适合推送短小的信息，可侧重于通知发布、指引指示、话题互动等，覆盖喜欢浏览信息的读者群体。不同的新媒体平台有不同的特点和受众，图书馆应结合自身需要和实力进行差异运营。

2. 持续力。持续力是指图书馆在运营新媒体平台的更新度。图书馆只有保持一定量的信息更新度，才能获得受众持续的关注。若长时间没有更新，就会出现掉粉的情况。持续掉粉将影响图书馆新媒体平台的宣传效果和影响力。因此，图书馆既要安排专人运营，也要制定运营规划和推送方案，提前策划，逐步推进。

3. 黏性。图书馆新媒体平台对关注者的黏性主要体现在两个方面。一个是平台的功能性。可以将读者常用的书目查询、数据库入口、使用技巧等功能集成在平台上，或者推文的下方，以方便他们及时获取。二是推送内容的故事性。人们对于说教是缺乏耐心的，但普遍喜欢听故事，特别是那些充满趣味、反转、悬疑或是情感的故事。图书馆在策划推送内容时要考虑这一点，要避免高高在上或是滔滔不绝的说教，要接地气，尤其要在标题上花心思，让关注者有打开浏览的欲望。

（六）宣传策略四：不断丰富活动项目

通过活动来推广服务、扩大宣传，是图书馆发挥作用的着力点，可以从活动内容、组织形式、活动对象上不断创新，不断丰富活动的内涵。

1. 活动内容。既要充分挖掘传统的读书节、朗诵比赛、阅读交流会、图书漂流等形式的优势，也要积极借鉴流行的形式进行杂糅、创新。南京大学图书馆的图书馆奇妙夜就是借鉴了博物馆奇妙夜的思路以及武汉大学图书馆的检索大赛等，都收到了良好的效果。南通理工学院图书馆要在积极学习兄弟高校成功经验的基础上，探索活动的新内容；在开创新花样的基础上，提高图书馆的趣味性和读者的参与度。

2. 活动形式。活动形式要不拘一格，要善于将线上、线下融合，善于将一对一对抗、团队竞赛、过关挑战、群体支援等元素杂糅，在提高参与度的同时，增加竞争性。将短期比赛和长期竞争结合起来，以引导浓郁的学风为目标。比如，可以构建阅读学分评价体系，将读者的在馆时长、纸质图书借阅册数、数字资源利用情况、参与图书馆活动情况等都折算为一定的数值，进行动态评价，并实时公布榜单，帮助读者自我定位，不断寻找努力的方向和价值。

3. 活动对象。活动对象要积极研究，在普适性活动的基础上，开发面向小众的活动，比如故事接龙比赛、语言模仿秀比赛、脱口秀比赛、某类书刊的读书分享交流会等。

（七）队伍建设策略一：持续深化馆员认知

认识是行动的先导，不断深化馆员对营销的认知对于图书馆营销工作的深入开展具有重要的意义，南通理工学院图书馆尤其如此。图书馆可以采取加强学习、激励引导、制度约束等方式，不断深化认识。

1. 加强学习。学习分为两个层面，一个是政治理论学习，另一个是业务技能学习。前者解决站位问题，通过学习不断提高馆员的大局意识、团队精神和职业担当，树立"有为才有位"的思想，让馆员们认识到图书馆面临的危机、挑战，齐心协力充分发挥自身优势，主动作为，积极营销，为图书馆的高质量发展贡献力量。逐步树立全员营销、人人有责，相互支援的观念，为各项营销活动集聚人心、智慧和力量。后者解决能力问题，通过学习不断提高馆员的业务技能、问题意识、专业素养和服务能力，为馆员们更好地开展工作奠定基础。要通过学习和培训认识到馆员间的差距，要因人制宜将不同能力的人放在适合的位置上。要用恰当的岗位安排激发和调动馆员们的热情和干劲。

2. 激励引导。激励引导是保持团队活动的重要抓手，可以是物质刺激，可以是精神鼓励，可以是展览展示。要充分满足人们渴望被认可、被尊重的需求，用及时的肯定、鼓励和奖励来引导组织期待的行为。虽然图书馆资金有限，相当比例的馆员家境宽绰，但是适当的物质奖励也是必要的，因为这意味着肯定和认可。除此之外，图书馆还可以在职位晋升、职称评定、岗位安排、调休排班和评优评先等方面给予一定的倾斜，发挥他们的激励引导作用。

3. 制度约束。全靠自觉自愿的行为是难以持久的，也容易滋生"能者干死、庸者笑死"的局面，进而影响整体的士气。图书馆要结合实际情况制定以量化为基础的考核评价制度，为岗位要求划出底线，为岗位目标定出方向。在制度面前人人平等，给馆员明确的行为指向和期待。

（八）队伍建设策略二：加强学生社团建设

学生社团是弥补南通理工学院图书馆人力资源不足的一个重要途径，也是图书馆了解学生真实想法的一个有效途径，更是图书馆对外宣传的一个重要抓手。图书馆可以从归属感、激励度等方面加强学生社团建设。

1. 归属感。归属感是一种身份认同。只有把自己当作团队的一员，才更能发挥主动性。支援图书馆有三类社团。一类是勤工俭学的学生。勤工俭学的学生又可以分为两种，一种是获得报酬的勤工俭学的学生。一般按小时计算报酬，按月结算，工作时间较为固定，人员也相对固定。对于这类学生，图书馆要将他们社团化，明确相应的工作要求，定期开展一些培训活动和团建活动，任命相应的负责人。目的就是让他们之间加强交流，形成团队的氛围。另外，图书馆要积极听取和采纳他们的意见，在制度允许的范围内给予他们更高的权限，将他们视作准馆员，以提高他们的归属感。另一种是获得工作时长认定的勤工俭学的学生。他们主要是为了满足评奖评优的义务服务时长的要求。这些学生流动性大，工作时间相对固定。图书馆要通过他们展示图书馆的一些工作流程和理念，通过他们去宣传图书馆。第二类是图书馆所属学生社团，比如大学生志愿讲解团和文学社。这些社团一般由图书馆的老师指导，常常协助图书馆组织一些活动。图书馆需帮助他们制定较为完善的管理制度，为他们提供活动的场所，给予一定的物质支持，引导他们组织一些与图书馆职能相符的活动。图书馆要及时肯定他们的成绩和贡献，并予以表彰认可。第三类是喜欢到图书馆做志愿服务或活动的社团，比如，青年志愿者协会。对于这类社团，图书馆要明确任务和要求，严格标准，避免图书馆成为社团中某些成员消遣的场所，影响整体的志愿效果。对于长期做出贡献的社团，图书馆要给予一定的表扬、肯定和物质支持。

2．激励度。激励度是指图书馆对社团和社团成员的激励达到预期的程度。这种程度不仅取决于图书馆付出，还取决于社团成员的期待。不同类型的社团成员有不同的期待。勤工俭学学生的期待是工资和认可时长的期待，图书馆需要依据考核办法严格执行，做到公平公正。在公平公正基础上的奖励才是最好的认可。志愿者的期待是图书馆颁发的荣誉证书。图书馆可以将权力下放给志愿者的负责人，自己做好终端审核即可；对于表现突出的，还可以给予额外的奖励：可以是一个本子、一个小玩偶、一个纪念章等。图书馆所属社团成员在期待认可的同时渴望更好地成长。图书馆要有针对性地组织一些培训和专属活动，赋予他们一些职能，让他们在培训和活动中更好地成长，在履职中加深对图书馆的认同。

第九章 弱传播——高校图书馆微信公众号营销新视角

第一节 高校图书馆微信公众号运营情况

弱传播是指在互联网传播领域内的一种现象，是指舆论场在网络传播和现实传播中有较为显著的区别。在现实世界中处于弱势地位的群体可能在网络世界拥有较为强势的舆论场，而在现实世界中处于强势地位的群体在网络世界中可能处于较为弱势的地位。基于此，弱传播理论认为现实世界中的弱势群体应借助其在网络世界中的天然优势，通过建构角色、增加链接、注重时间价值和曝光度等，提升自己在网络世界中的影响力。[①]图书馆在高校中亦属弱势群体，常有"博士后"（博士夫人）、"教授后"（教授夫人）流动站的称谓。相当比例的高校对图书馆的定位是教学辅助单位，让不少人以为图书馆就是"借借书、看看门"的清闲部门。加之新一代互联网技术和智能终端的迅速发展改变了人们获取知识信息的习惯，让人们对图书馆的认识还停留在以提供纸质文献服务为主的时代。这些都大大削弱了图书馆在现实世界的话语权。如何借助弱传播理论，在网络世界中实现舆论场的逆转，重塑图书馆的形象，赢得更多读者关注和尊重的目光，是图书馆微信公众号应当肩负的职责之一。国内有不少学者都从不同角度研究了高校图书馆微信公众号的运营情况，比如，叶佩珍从平台建设、运营状况、服务内容及宣传推广等方面分析了现状，提出了相应的对策。[②]张骏毅等选取"211工程"高校图书馆作为研究对象，在分析的基础

---

① 邹振东. 弱传播[M]. 北京：国家行政学院出版社，2018：31–32.

② 叶佩珍. 我国高校图书馆微信服务现状调查研究[J]. 图书馆学研究，2014，（12）：80–84.

上提出微信服务发展建议。①陈雨雪则对"985工程"高校图书馆微信公众号运营情况进行了研究。近年来，刘佳静②、贾文龙③、官凤婷④等人也从"双一流"、区域性、受众视角等方面研究了高校图书馆微信公众号的运营情况，但将不同层次的本科高校放在一起进行对比研究，或引入弱传播理论研究公众号运营情况的研究较少。课题组在对全国36所不同层次高校图书馆微信公众号2019年9月运营情况的调查和统计分析的基础上，结合弱传播理论，对高校图书馆公众号的运营提出了新的构想，并提出系列建议。

一、统计对象概述

· 课题组主要选取了北京、上海、江苏、湖北、黑龙江、陕西、福建等7个省市中不同层次的高校，不同区域，覆盖了原985工程、211工程高校，一般公办高校，独立学院，民办高校等多个层次。虽然从法律定义上，所有高校都具有平等的地位，但从实力层面和社会大众认知层面，有较为显著的区别。这种区别亦体现在生源质量、学校声誉、社会认可度、政府投入程度等多个层面。课题组参照了社会的普遍认知，在考虑地域分布的情况下选取了36所高校，其中985工程类高校8所，211工程类（扣除985工程类高校，下同）高校7所，一般公办高校、独立学院和民办本科高校各7所。除北京市（因北京大学和清华大学实力在伯仲之间，均选为样本）选了6所高校外，其他省市都是5所。研究的数据时间主要为2019年9月1日至10月15日，个别公众号在这个时段内没有数据，会向前追溯，但不会早于2019年4月1日。对公众号的搜取方式主要使用公众号平台自带的搜索引擎

---

① 张骏毅，杨九龙，邓媛. "211工程"高校图书馆微信应用现状分析与对策研究[J]. 图书馆学研究，2014，（6）：29-34.

② 刘佳静，金洁琴，赵乃瑄. 高校图书馆微信公众号传播力评价研究——以"双一流"大学为例[J]. 图书馆工作与研究，2019，（2）：40-46.

③ 贾文龙. 长三角地区"双一流"高校图书馆微信传播效果实证研究——基于头条信息标题的文本分析[J]. 图书馆工作与研究，2019，（2）：121-128.

④ 官凤婷. 受众思维视角下的高校图书馆微信公众号内容建设[J]. 图书馆建设，2019，（5）：136-142.

和高校图书馆网站上的推荐链接。

二、开通情况

36所高校图书馆共有28所高校开通了微信公众号，占比达到了77.8%。从高校层次上看，985工程和211工程高校图书馆微信公众号的开通比例均为100%，一般公办本科高校和民办本科高校图书馆微信公众号的开通比例均为71.4%；独立学院图书馆微信公众号的开通比例未过半，为42.9%。从微信公众号类型的选取上看，71.4%的高校图书馆更青睐订阅号。从微信公众号的认证情况上看，有25个账号进行了官方认证，占到总数的89.3%；只有清华大学图书馆申请了商标保护，占到总数的3.6%。见表9-1：36所高校图书馆微信公众号运营情况统计表。

表9-1 36所高校图书馆微信公众号运营情况统计表

序号	高校名称	所在地区	高校类型	公众号类型	菜单栏数量	子菜单数量	是否认证	是否申请商标保护	9月发文总数
1	北京大学	北京	985	服务号	3	9	认证	否	8
2	清华大学	北京	985	订阅号	2	3	认证	是	43
3	北京林业大学	北京	211	订阅号	3	13	否	否	0
4	北京建筑大学	北京	普通本科	订阅号	3	4	认证	否	4
5	北京城市学院	北京	民办本科	未见					
6	北京邮电大学世纪学院	北京	独立学院	未见					
7	哈尔滨工业大学	黑龙江	985	订阅号	1	4	认证	否	3
8	哈尔滨工程大学	黑龙江	211	订阅号	3	7	认证	否	15
9	齐齐哈尔大学	黑龙江	普通本科	未见					
10	齐齐哈尔工程学院	黑龙江	民办本科	订阅号	3	9	认证	否	3
11	黑龙江工程学院昆仑旅游学院	黑龙江	独立学院	未见					

序号	高校名称	所在地区	高校类型	公众号类型	菜单栏数量	子菜单数量	是否认证	是否申请商标保护	9月发文总数
12	复旦大学	上海	985	订阅号	3	12	认证	否	34
13	东华大学	上海	211	订阅号	3	9	认证	否	13
14	上海应用技术大学	上海	普通本科	未见					
15	上海立达学院	上海	民办本科	未见					
16	上海师范大学天华学院	上海	独立学院	未见					
17	南京大学	江苏	985	订阅号	3	7	认证	否	39
18	南京理工大学	江苏	211	订阅号	3	13	认证	否	22
19	常州工学院	江苏	普通本科	订阅号	3	14	认证	否	20
20	南通理工学院	江苏	民办本科	服务号	3	15	认证	否	8
21	江苏大学京江学院	江苏	独立学院	服务号	2	3	认证	否	3
22	厦门大学	福建	985	订阅号	3	15	认证	否	15
23	福州大学	福建	211	订阅号	3	14	认证	否	34
24	莆田学院	福建	普通本科	服务号	3	6	认证	否	18
25	闽南理工学院	福建	民办本科	订阅号	3	15	认证	否	19
26	集美大学诚毅学院	福建	独立学院	订阅号	3	9	认证	否	12
27	武汉大学	湖北	985	订阅号	3	15	认证	否	32
28	武汉理工大学	湖北	211	订阅号	3	15	认证	否	19
29	武昌理工学院	湖北	普通本科	服务号	3	15	认证	否	1
30	湖北文理学院	湖北	民办本科	订阅号	3	13	未认证	否	17
31	长江大学文理学院	湖北	独立学院	服务号	3	13	未认证	否	3
32	西安交通大学	陕西	985	服务号	3	14	认证	否	22

续表

序号	高校名称	所在地区	高校类型	公众号类型	菜单栏数量	子菜单数量	是否认证	是否申请商标保护	9月发文总数
33	西北大学	陕西	211	服务号	3	11	认证	否	25
34	延安大学	陕西	普通本科	订阅号	3	10	认证	否	1
35	西京学院	陕西	民办本科	订阅号	3	15	认证	否	62
36	西安建筑科技大学华清学院	陕西	独立学院	未见					

三、2019年9月信息发布情况

各高校新生报到和新学期报到多集中在每年的9月，也是各高校图书馆进行入馆培训、资源宣传、服务推广的关键月份之一。研究9月微信公众号的发文情况，有助于分析高校图书馆微信公众号运营情况。9月28所高校图书馆微信公众号共发文495篇，馆均18篇，其中985工程高校馆均24.5篇，211工程高校馆均18.3篇，一般公办本科高校馆均8.8篇，民办本科高校馆均21.8篇，独立学院馆均6.0篇。发文最勤奋的是西京学院图书馆，9月共发文62篇；其次是清华大学图书馆，共发文43篇。有两个高校图书馆微信公众号发文数为0，有9个高校图书馆微信公众号发文数小于5，有13个高校图书馆微信公众号发文数高于平均值18篇。

四、菜单栏设置情况

微信公众号菜单栏是读者快捷获取信息和查找文献的重要入口，也是引导读者更快了解馆藏资源的重要工具。研究菜单栏的设置情况，有助于观察高校图书馆对微信公众号规则的把握和利用情况。28所高校图书馆微信公众号共设置一级菜单栏80个，馆均2.9个；设置二级菜单栏馆均10.8个。分层次看一级菜单设置，211工程高校、一般公办本科高校和民办本科高校馆均3个，达到了公众号可设一级菜单的最大数量；985工程高校和独立学院馆均为2.63个和2.67个。分层次看二级菜单设置,民办本科高校馆均13.4个,最接近系统允许设置的最大值15个;其后依次为211工程高校图书馆(馆均11.7个)、985工程高校图书馆(馆均9.9个)、一般公办本科高校图书馆(馆均9.8个)和独立学院图书馆(馆均8.3个)。

五、最近三篇发文情况

从发文天数(指文章发布的天数,本文指文章发布日期到2019年10月15日统计时所发表的天数,不足1天的按1天计算)上看,985工程类高校图书馆微信公众号近三篇发文天数的均值分别为3天、6天和26天,211工程类高校图书馆微信公众号近三篇发文天数的均值为2天、2.8天和25.3天(未剔除极值数据前的数据为24.1天、24.9天和49.天),一般本科高校图书馆微信公众号近三篇发文天数的均值为6.8天、26天和46.4天,民办本科高校图书馆微信公众号近三篇发文天数的均值为6.2天、14.4天和33天,独立学院图书馆微信公众号近三篇发文天数的均值为11.3天、25.3天和36.7天(未剔除极值数据前的数据为47.5天、61天和70天)。

从阅读和互动情况看,985工程类高校图书馆微信公众号近三篇的阅读量、在看数(点赞数)和留言数的均值分别为:1031.5次,6.1个和0.8条,211工程类高校图书馆微信公众号的相关值分别为402.4次、1.7个和0.6条,一般本科高校图书馆微信公众号的相关值分别为125.7次、1.0个和0.1条,民办本科高校图书馆微信公众号的相关值为300.8次、1.5个和0.3条,独立学院的值为393.2次、1.4个和0条。

六、近半年阅读量最高的文章情况

从阅读次数上看,五类高校图书馆公众号近半年热门文章的平均阅读次数依次为6918.5次(985工程类高校)、2398.1次(211工程类高校)、563.4次(一般本科高校)、784.4次(民办本科高校)和751.3次(独立学院)。

从在看数(点赞数)上看,五类高校图书馆公众号近半年热门文章的平均点赞个数依次为88.3个、7.6个、1.8个、3.8个和1.7个。从留言数上看，五类高校图书馆公众号近半年热门文章的平均留言数依次为10.1条、4.6条、0条、1条和0.7条。

从词频上看，近半年热门文章的词汇中"图书馆"（出现12次）、"国庆节"（出现10次）、"年"（出现9次）、"通知"（出现9次）、"2019"（出现8次）占据前5位。

第二节　高校图书馆微信公众号运营情况分析

经过对数据的整理、分析，结合各公众号实际运营情况，课题组发现我国本科高校图书馆公众号的运营有以下特点：

一、开通积极性上有差别

985工程和211工程高校图书馆非常积极，一般本科高校和民办本科高校居后，独立学院积极性较低。若从人力资源的角度考虑，985工程和211工程高校图书馆的人力资源（包括数量和素养）高于一般本科高校图书馆的。一般本科高校图书馆的人力资源又高于民办本科高校的，而独立学院的则远远落后于前四者。没有人手和精力运营微信公众号是各类高校图书馆微信公众号逐级减少的主要原因，在实际座谈的过程中也印证了这种观点。有的独立学院图书馆连馆长在内一共3个人，日常运转都捉襟见肘，根本无暇顾及宣传工作。以公众号的类型看，订阅号更受高校欢迎，原因是订阅号每天可以推送一次推文，而服务号每月只能推送四次推文。前者信息推送的时间更加灵活，可选择的余地更大。

二、运营存在分层现象

总体上看，985工程类高校图书馆的运营情况最佳，在发文的频次、阅读量、在看数（点赞数）和留言数等方面都领先其他层次的高校图书馆。211工程类高校图书馆微信公众号的运营虽与985工程类高校图书馆有差距，但依旧领先另外三个层次的本科高校图书馆，特别是从近半年热门文章的平均点击数量上看，与其他三个层次的本科高校图书馆有着质的区别。民办本科高校图书馆微信公众号的运营水平从各个维度的综合评价上看，可以居于第三梯队，领先一般本科高校和独立学院。在近三篇发文天数的均值和二级菜单的设置上表现得最为明显。独立学院图书馆微信公众号在某些维度上超过了一般本科高校图书馆，但总体运营热情不高，在样本中开通运营微信公众号的图书馆仅为42.9%。

三、讲故事的能力还需要提高

从热门文章的词频上看，"图书馆""国庆节""通知"等词汇居前。可见，图书馆公众号的热门文章以通知，特别是放假通知为主，故事性较强的文章在热门文章中的占比过少。从数量上看，热门文章中关于闭馆的通知占到了13篇，接近总数的一半；关于图书馆活动的通知占了9篇，占比达到32%。从这个角度讲，图书馆微信公众号的视角更广阔一些，会和更多的潜在受众建立链路，增加微信公众号的曝光率。

四、勤奋度和影响力成正比

从统计结果看，高校图书馆微信公众号每月推送8篇是较优值，勤奋程度和点击量总体上呈正比，也有例外情况。从图9-1可以看出，有4条折线在9月发文量"8"处出现了上扬折点。五条曲线的总趋势反映出发文的总量和阅读量呈正相关关系：即发文数越多，近三篇推文的平均阅读量越大。而985工程高校和民办本科高校陡峭的拐点亦说明有例外情况存在：发文不是很勤奋，阅读量却很大；虽然很勤奋，但阅读量却很低。这说明在发文数量之外，还有一些因素影响文章的阅读量。

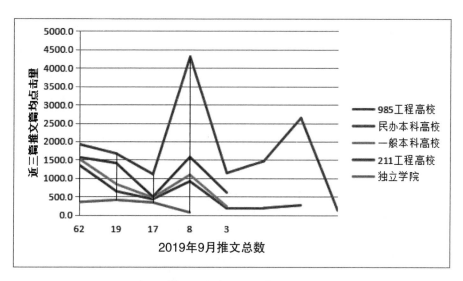

图9-1 2019年9月推文总数与近三篇推文的平均阅读量折线图

第三节 高校图书馆微信公众号运营建议

一、弱传播视域下高校图书馆微信公众号运营模型

从研究发现中可以看出，现有的图书馆微信公众号的效果从某种程度上佐证了弱传播理论的观点。基于此，可以将弱传播的相关理论较为系统地引入高校图书馆微信公众号的运营之中。可以重点引入弱传播理论中的弱定律、情感律、轻规则和次理论等具体理论，为公众号运营的策略选择提供理论依据和指引。在策略选择中，可以根据高校图书馆自身特点，在情感策略、技术策略、品牌策略和激励策略上差别化发展；根据自身人力、资源和资金的条件，或齐头并进、共同提升，或补齐短板、有所侧重，或突显一项、循序渐进。在策略的细化过程中，应注意不同策略的实现目标不尽相同，要根据图书馆公众号的运营实际和目标导向慎重选择。每一项策略的细化都是一个小型运营工程，应遵循策划、实施、评价和调整的原则，注重不同策略之间的协同效果。评价策略有效性应有较为客观的指标，比如，受众认可度就是较为理想的指

标。受众认可度可以从阅读量、点赞量、留言量、转发量四个维度去观察评估。可以对照历史数据进行同期、环比和同类对比分析，也可以通过四个指标与微信公众号关注者总数之间的比例关系来分析。再根据分析结果，结合弱传播理论，进一步优化和调整策略选择，进入新的循环。具体如图9-2所示。

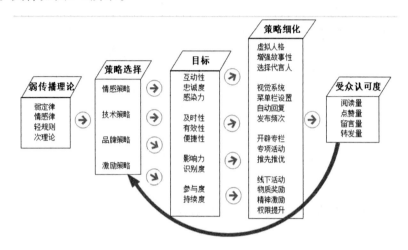

图9-2　弱传播视域下高校图书馆公众号运营策略选择模式图

二、情感策略的运营建议

（一）进一步明确公众号的角色，使之具有虚拟人格和形象

弱传播理论认为人格化的宣传主体更容易被受众关注和接受，特别是具有柔弱、可爱特征的虚拟人格。所以，大型体育赛事都会设计一个吉祥物，将场面宏大、内容纷杂的活动人格化。图书馆的微信公众号也需要有较为清晰的角色定位，是清新风、可爱系，抑或理工范，都会拉近与关注者之间的距离。

（二）增强推文的故事性，增强文学性

弱传播理论认为，网络舆论受情感主导，要将情感放在首位，在温情下讲道理更具传播力。从认知的角度看，讲故事比说理更容易让受众接受和记住。因此，增强公众号推文的感情元素，丰富文章内容与读者之间的

情感链接，增强他们的代入感，可以大幅度提高文章的推送效果。[①]

（三）注意推送具体的人物形象，选择学生身边的代言人

统计数据可以让人从整体上了解图书馆的情况，但打动人心的还是具体的平凡的人物形象和事迹。弱传播理论的轻规则认为：轻的东西最好传播。比如，翻书时的一个微笑、一个哈气，清晨的一个读书的身影等，都可能成为图书馆公众号增色的元素。要善用微小的视角传递宏大的信息和目标。

三、技术策略的运营建议

（一）注意视觉识别系统的延伸

高校图书馆微信公众号不是一个简单的信息推送工具，而是图书馆在网络世界的延伸。其形象要和图书馆保持一致，比如，较为统一的理念、色彩、风格和LOGO，让读者很容易通过推文联想到图书馆。但又要与主体有所区别，可以有自己的个性，甚至小脾气。就像不少银行推出的服务机器人一样，是银行职能的延伸，但又有自己萌萌顽皮的特点。

（二）积极完善菜单

菜单是被动式应答，是沉默的服务。

弱传播理论认为沉默也是力量。因此，充分发挥菜单的作用，可以增强高校图书馆公众号的黏性，提高公众号的服务效率。比如，将网上图书馆、书目查询、数据库入口、开放时间等读者使用频次较多的功能镶嵌在菜单栏中，可以大大节省读者的时间并减轻图书馆咨询人员的压力。菜单栏的设置要简洁和较为固定，不要轻易改变用户的使用习惯。

（三）发挥自动回复功能的作用

弱传播理论认为舆论的生命在于关注。

心理学认为：渴望关注是人们自恋的延伸，自恋是普遍存在的。因

---

① 周海晨，陆和建．"985工程"高校图书馆微信公众号研究[J]．大学图书馆学报，2017，（1）：46-52．

此，设置好自动回复功能，第一时间响应读者的问题，会让他们享有被关注、被重视的感觉。自动回复的语言要生动、活泼，可以俏皮、诙谐一点儿，避免过于官方和生硬。对同一类问题可以准备几种语气略有差异的答复，但关键信息保持一致，让受众感到运营者的用心。

（四）注意发布频次

弱传播理论认为信息传播是有时间密码的，存在百日效应和节点效应。在对推文的阅读频次统计的过程中亦发现有这样的现象，比如，早上起床前后、两节课的间隙和用餐的时候，推文被阅读的频次要高于其他时段。同时发送的多条推文中，头条推文的阅读量要显著高于其他推文。高校图书馆公众号在发送推文时要注意时间和位置对推文阅读量的影响，控制好频次和节奏。

四、品牌策略的运营建议

（一）注意打造品牌栏目，发挥名称的力量

弱传播理论认为舆论区别于其他舆论的标志就是名称。被人广泛使用的正面名称就构成了品牌。高校图书馆公众号要注意通过栏目来打造自己的品牌，发挥"名称"这个符号的引领作用。比如，厦门大学图书馆微信公众号的"周签"就成为自己的一个小品牌，虽然简单，却有魅力。

（二）开展专项活动

专项活动是对时间规则和命名规则的综合运用，即在一定时间内通过对某一事件的重复，使人形成较为固定的印象。比如，读书月活动，发一次推文的效果就不如从不同角度、不同时段发多篇推文的效果好。推荐新数据、新规则应采用专项推介的方式，采用反复、多角度的方式才能加深读者的印象。

（三）发挥推先推优的示范作用

先进人物和优秀人物无疑对青年学子有潜移默化的引领作用，要借鉴弱传播理论的精神，采用简约而又形象的展示。能用图片的就不用文字，能用视频的就不用图片。能用短视频的，就坚决不用长视频。能用身边人

物的，就不用过于遥远的人物。能动情的，就不讲大道理。

五、激励策略的运营建议

（一）注意线上线下融合，增强交互性

融合和交互都是为了提高彼此的关注度，拓宽信息交流的广度，增进彼此的情感联系。座谈会、读书会、线下比赛等传统项目的魅力就在于面对面，有情景、有氛围，更容易留下印象和赢取认同。高校图书馆微信公众号要充分发挥线上线下融合发展的激励作用，培育较为稳定的粉丝团体。

（二）适当运用物质奖励和精神奖励

高校图书馆要适当运用物质奖励和精神奖励，激励和表彰那些为图书馆公众号推广、传播、制作做出积极贡献的读者，以鼓励和吸引更多的读者加入这个行列中来。

（三）充分发挥权限提升

弱传播理论认为，舆论的接收者是分层的，有差异的。高校图书馆在运营公众号时要注意和运用这种差别，进行分类和差异化推送。同时，要根据读者不同的反馈，给予差别化的权限，以提升他们的自豪感和忠诚度。

参考文献

［1］（美）安德里亚森，（美）科特勒. 战略营销：非营利组织的视角［M］. 王方华，周洁如，译. 北京：机械工业出版社，2003：30.

［2］（美）菲利普·科特勒（Philip Kotler），（美）加里·阿姆斯特朗（Gary Armstrong）. 科特勒市场营销教程［M］. 俞利军，译. 北京：华夏出版社，2000：45+226+265.

［3］艾略特·艾登伯格. 4R营销［M］. 北京：企业管理出版社，2003.

［4］毕玉侠，隋晶波，崔淑贞. 高校图书馆开展学科馆员服务的SWOT分析［J］. 情报探索，2012（02）：103-105.

［5］曾玉芳，刘日升. 对高校图书馆人力资源建设的SWOT分析［J］. 图书馆学研究，2004（12）：7-9+13.

［6］超百所高校2021年预算公布！哪些高校经费多？［OE/OL］.［2021-03-04］. https：//www.cingta.com/detail/19577.

［7］陈桂香. 基于4I营销理论的图书馆代际阅读推广研究——以非血缘关系的代际阅读推广为例［J］. 山东图书馆学刊，2021（01）：62-66.

［8］陈平. 高校图书馆人事用工制度改革的PEST和SWOT分析［J］. 农业图书情报学刊，2012，24（07）：222-225.

［9］陈添源. 移动图书馆用户市场细分实证研究［J］. 图书情报工作，2016，60（1）：37-44.

［10］陈雨雪. "985"高校图书馆微信服务平台使用现状调查与分析［J］. 图书馆学研究，2014，（16）：88-93.

［11］谌志成. 本科院校图书馆嵌入式学科服务SWOT分析与策略——以湖南工学院图书馆为例［J］. 河南图书馆学刊，2017，37（07）：60-62.

［12］邓李君，杨文建．基于PEST-SWOT分析的智慧图书馆空间功能定位研究［J］．新世纪图书馆，2021，4（02）：31-38.

［13］冯飞．加强宣传教育确保思想稳定——谈"非典时期"图书馆工作［J］．图书馆研究与工作，2003（3）：26-27.

［14］傅平．美国图书馆是如何应对新冠疫情暴发的？［J］．图书馆杂志，2020，39（3）：24-31.

［15］高春玲．基于SWOT的图书馆移动阅读服务分析［J］．图书馆学刊，2013，35（09）：49-52+56.

［16］高海燕，许正兴，李宏芳，等．基于4I原则的高校图书馆"迎新季"主题活动营销模式探究——以南京交通职业技术学院图书馆为例［J］．图书馆工作与研究，2020（04）：98-105.

［17］高源．移动新媒体阅读对图书馆发展影响的SWOT分析［D］．辽宁师范大学，2013.

［18］关云楠，宋东宣．基于4P理论的高校图书馆营销策略研究——以IFLA国际营销奖为例［J］．中国经贸导刊（中），2020（10）：166-167.

［19］官凤婷．受众思维视角下的高校图书馆微信公众号内容建设［J］．图书馆建设，2019（5）：136-142.

［20］官世强．利用SWOT分析提高高校图书馆电子资源使用效率——以华中农业大学为例［J］．农业图书情报学刊，2014，26（08）：22-24.

［21］郭丽华，冯小英．对图书上细菌分布的探讨［J］．图书馆论坛，2006（1）：216-217.

［22］国家统计局．中华人民共和国2020年国民经济和社会发展统计公报．［EB/OL］．［2021-02-28］．http：//www.stats.gov.cn/tjsj/zxfb/202102/t20210227_1814154.html.

［23］何建新，刘信洪．整合营销策略视角下高校图书馆阅读推广研究［J］．高校图书馆工作，2017，37（06）：70-73.

［24］黄付艳．基于整合营销传播理论的图书馆服务营销策略探讨［J］．科技情报开发与经济，2012，22（09）：46-48.

［25］黄洁晶，艾新革．广州大学城高校图书馆信息资源共建共享

SWOT分析［J］．图书馆论坛，2009，29（05）：62-64.

［26］黄钰新．基于SWOT矩阵的高校图书馆数字资源现状分析——以海南省高校图书馆为例［J］．大学图书情报学刊，2017，35（01）：58-62.

［27］贾美娟．大数据时代高校图书馆4P+4C整合营销研究［J］．内蒙古工业大学学报（社会科学版），2016，25（02）：44-47+50.

［28］贾文龙．长三角地区"双一流"高校图书馆微信传播效果实证研究——基于头条信息标题的文本分析［J］．图书馆工作与研究，2019，（2）：121-128.

［29］金桂芳，应晓敏．市场细分原理在图书馆文献资源建设中的应用［J］．图书馆学研究，2006（8）：42-43.

［30］金玲．4R营销理论下的图书馆阅读营销推广活动研究［J］．图书馆理论与实践，2016（06）：32-34+38.

［31］开卷信息．2018上半年中国图书零售市场趋势和特点．［OE/OL］．［2018-07-20］．http：//www.openbook.com.cn/Files/Digest/2018/%E6%96%87%E6%91%98217%E6%9C%9F07-%E7%A0%94%E7%A9%B6%20 2018%E4%B8%8A%E5%8D%8A%E5%B9%B4%E4%B8%AD%E5%9B%BD% E5%9B%BE%E4%B9%A6%E9%9B%B6%E5%94%AE%E5%B8%82%E5%9C %BA%E6%8A%A5%E5%91%8A. pdf.

［32］李梦楠，周秀会．高校图书馆嵌入式学科服务研究——基于网络整合营销4I理论［J］．图书馆工作与研究，2018（12）：115-121.

［33］李梦楠．4I营销原则对高校图书馆嵌入式学科服务的启示［J］．新世纪图书馆，2018（11）：29-31+51.

［34］梁淑玲．"非典"的图书馆学思考［J］．津图学刊，2003（4）：75-78.

［35］林芳，吴高，袁振丽．学科馆员工作模式SWOT分析——以广西师范大学图书馆为例［J］．图书馆界，2016（04）：85-87+94.

［36］刘佳静，金洁琴，赵乃瑄．高校图书馆微信公众号传播力评价研究——以"双一流"大学为例［J］．图书馆工作与研究，2019，（2）：40-46.

［37］刘怡君．4R营销策略在公共图书馆全民阅读活动中的应用研究
［J］．四川图书馆学报，2016（06）：48-51．

［38］刘兹恒．后疫情时期的图书馆文献资源建设［N］．新华书目
报．2020-4-10．

［39］罗文菁．基于4P营销理念的图书馆营销推广研究［J］．图书馆
研究与工作，2020（02）：35-38．

［40］罗亚泓．广州高校图书馆嵌入式学科服务的SWOT分析和策略研
究［J］．图书情报工作，2015，59（07）：112-116．

［41］马春．基于PEST分析法的公共图书馆战略规划编制实践［J］．
图书馆杂志，2016，35（01）：20-25．

［42］孟祥凤．基于4R营销理论的图书馆文化精准扶贫推广方案研究
［J］．河北科技图苑，2020，33（01）：35-39+72．

［43］缪中荣．门把手可能传播新冠病毒！居家如何消灭清洁盲点
［EB/OL］．人民网．［2020-4-27］．

［44］倪德钰．图书馆建设与信息市场细分［J］．晋图学刊，2005
（06）：10-11+68．

［45］宁琳．地方高校图书馆向社会服务的PEST和SWOT分析［J］．
图书馆学刊，2010，32（10）：72-73．

［46］齐光月．互联网环境下高校图书馆自助服务SWOT分析［J］．
河南工学院学报，2020，28（04）：61-64．

［47］清华大学图书馆．图书馆服务［OE］．http：//lib. tsinghua.
edu.cn/kj/znss. htm. 2021-07-03．

［48］屈云波，张少辉编著．市场细分市场取舍的方法与案例［M］．
北京：企业管理出版社，2010：5．

［49］任团荣．浅谈市场细分理论在高校图书馆读者工作中的应用
［J］．前沿，1998（07）：64-65．

［50］搜狐．2019国内家庭子女教育投入调查：38.8%的家庭消耗
年收入的2-3成［OE/OL］．［2019-05-28］．https：//www.sohu.com/
a/316949601_120154811．

［51］搜狐. 00后大学生消费报告［OE/OL］.［2019-05-28］. https://www.sohu.com/a/253723494_804679.

［52］苏艺萍. 公共图书馆全民阅读推广中4R营销策略的应用研究［J］. 兰台内外，2020（10）：73-74.

［53］孙超，刘咸. 基于市场细分原则的图书馆空间再造探析［J］. 图书馆，2020，308（5）：87-92.

［54］孙杰. 基于4R营销理论的高校学科馆员服务模式研究——以沈阳理工大学图书馆为例［J］. 农业图书情报学刊，2014，26（01）：198-201.

［55］孙婧. 京津冀高校图书馆联合阅读推广SWOT分析及对策研究［J］. 图书馆工作与研究，2019（03）：88-93.

［56］孙静静. 公共图书馆全民阅读推广中4R营销策略的应用分析［J］. 河南图书馆学刊，2020，40（12）：44-46.

［57］孙天敏，赵金卓. 面对SARS，图书馆如何积极应对［J］. 医学动物防制，2003（10）：581-582.

［58］田丽梅. 基于PEST分析的高校图书馆"十四五"规划编制环境分析与应对［J］. 图书馆，2021，4（01）：18-23.

［59］王春梅，姜佰国. 网络环境下高校图书馆的SWOT分析［J］. 河南图书馆学刊，2003（03）：72-73.

［60］王红芳，姜功恒，张凯兵. 大数据环境下图书馆学科服务的SWOT分析与服务策略［J］. 农业图书情报学刊，2015，27（10）：180-183.

［61］王金秀. 基于SWOT分析法的高校图书馆学科化服务模式研究［J］. 图书馆研究，2013，43（06）：109-111.

［62］王群，施兰花. 基于网络整合营销4I原则的高校图书馆阅读推广营销策略及路径分析［J］. 图书馆建设，2016（09）：58-63.

［63］王世伟. 为公共图书馆抗疫十大主题作为点赞［J］. 公共图书馆，2020（1）：2.

［64］王婉妮. 网络新媒体特点及其现状分析［J］. 今传媒，2014，

22（12）：123-124.

［65］王彦，毛莉，田文夫. 大数据驱动下的高校图书馆4R营销研究
［J］. 农业图书情报学刊，2015，27（10）：69-72.

［66］王艺霖. 基于4P理论的少年儿童图书馆营销策略［J］. 图书馆
学刊，2014，36（06）：21-23.

［67］吴建中. 现代图书馆管理的热门话题（下）［J］. 图书馆杂
志，2004（09）：18-23.

［68］吴俊英. 整合4P与4C营销组合的数字图书馆营销策略［J］. 图
书馆，2009（03）：86-88.

［69］吴诺曼. 4I模型对高校图书馆阅读推广的启示——以四川大学
图书馆阅读推广系列活动为例［J］. 图书情报工作，2016，60（14）：
115-120.

［70］吴晞. 中国史话：图书馆史话［M］. 北京：社会科学文献出版
社. 2015：279-280.

［71］西南大学新学工创新中心课题组，孙楚航. 新冠肺炎疫情对青
年大学生影响研究——基于全国45所高校19850名大学生的实证调查［J］.
中国青年研究，2020（4）：12+43-48.

［72］习近平：在2021年春节团拜会上的讲话. 中华网［OA］.
https：//news.china.com/zw/news/13000776/20210210/39280825.html.
2021-07-14.

［73］鲜军，陈兰英. 网络整合营销：从入门到精通（微课版）
［M］. 北京：人民邮电出版社. 2019-01：52-54.

［74］肖烨，汤曼. 我国高校图书馆信息素质教育的ＳＷＯＴ分析
［J］. 图书馆建设，2010（05）：101-104.

［75］谢岩岩. 基于市场细分的国家图书馆立法决策服务营销策略分
析［J］. 国家图书馆学刊，2019，28（02）：25-31.

［76］新华社. 加快推进教育现代化实施方案（2018—2022年）
［OE/OL］. ［2019-02-23］. http：//www.gov.cn/zhengce/2019-02/23/
content_5367988. htm.

［77］新华网. 中国教育现代化2035［OE/OL］.［2019-02-23］. http：//www.gov.cn/xinwen/2019-02/23/content_5367987.htm.

［78］徐建锋，周丽媛. 新媒体环境下地方高校图书馆阅读推广SWOT-PEST分析及发展策略研究［J］. 吉林化工学院学报，2021，38（04）：71-77.

［79］阎秋娟，韩海涛. 基于整合营销理念的图书馆参考咨询服务策略的思考［J］. 情报理论与实践，2007（05）：634-637.

［80］阳玉堃，黄椰曼. 基于SWOT定量分析方法的微信小程序在图书馆应用的战略分析——以用户信息行为为视角［J］. 新世纪图书馆，2018（07）：54-60.

［81］杨之音，赵闯. 整合营销传播战略在图书馆参考咨询服务中的应用［J］. 图书馆学刊，2008（04）：29-31.

［82］叶佩珍. 我国高校图书馆微信服务现状调查研究［J］. 图书馆学研究，2014，（12）：80-84.

［83］叶仕平. 基于ＳＷＯＴ分析的图书馆信息服务营销策略研究［D］. 衡阳：南华大学，2018.

［84］张骏毅，杨九龙，邓媛.“211工程”高校图书馆微信应用现状分析与对策研究［J］. 图书馆学研究，2014，（6）：29-34.

［85］郑丽君. 高校图书馆纸本阅读推广现状及发展策略研究［J］. 大学图书情报学刊，2014，32（02）：97-101.

［86］中国出版传媒商报. 2020全国国民阅读调查报告权威发布［OE/OL］.［2021-04-24］. https：//baijiahao. baidu.com/s？id=1697902011993 153385&wfr=spider&for=pc.

［87］中国教育在线. 13所超百亿！75所教育部直属高校公布2021年预算［OE/OL］.［2021-04-10］. https：//www.eol.cn/shuju/uni/202104/ t20210410_2095134. shtml.

［88］中华人民共和国教育部. 普通高等学校图书馆规程（修订）［OE/OL］.［2002-02-21］. http：//www.moe. gov.cn/jyb_xxgk/gk_gbgg/ moe_0/moe_8/moe_23/tnull_221.html.

［89］中华人民共和国教育部. 普通高等学校图书馆规程［OE/OL］. ［2016-01-04］. http：//www.moe.gov.cn/srcsite/A08/moe_736/s3886/201601/t20160120_228487.html.

［90］周从军. 市场理论与图书馆管理——市场细分和目标市场［J］. 图书情报工作，1993（05）：6-10.

［91］周海晨，陆和建. "985工程"高校图书馆微信公众号研究［J］. 大学图书馆学报，2017，（1）：46-52.

［92］周向华. 基于4R营销理论的高校图书馆数字阅读推广［J］. 合肥师范学院学报，2020，38（04）：129-132.

［93］周秀梅，孙耀宇. 高校图书馆推广短视频营销的PEST分析与对策［J］. 大学图书情报学刊，2020，38（06）：77-81.

［94］朱维乔. 大数据环境下图书馆数据安全风险控制的SWOT分析［J］. 图书馆学刊，2016，38（11）：4-6+19.

［95］邹振东. 弱传播［M］. 北京：国家行政学院出版社，2018：31-32.